Friedrich Schiller

Wilhelm Tell

Materialien und Kopiervorlagen
von Martina Dauer

Lektorat: Mareike Dreizner, Annette Huppertz, Kristina Oerke, Mira Fischer
Illustrationen: Rees Jeannotte
ISBN 978-3-86316-440-9

INHALT

VORWORT

„Ich liebe Schiller, ich liebe ihn seit meiner Jugend, wenn nicht seit meiner Kindheit. Ich liebe den Dichter der Freiheit. [...] Sein Werk hat mir die Augen geöffnet: Schiller war der erste Dichter, der mich in meiner frühen Jugend ahnen und vielleicht sogar begreifen ließ, dass Literatur Kritik der Gesellschaft ist, ja Kritik des Lebens." (Marcel Reich-Ranicki: Mein Schiller. Frankfurt a. M. / Leipzig 2009, Klappentext) – Mag der Literaturkritiker und Literat Marcel Reich-Ranicki auch umstritten sein: Würden wir uns nicht wünschen, dass unsere Schüler später so oder so ähnlich über Schiller denken? Wäre es nicht erfreulich, wenn wir ihnen vermitteln könnten, dass eine Verbindung zwischen Schiller, Schillers „Wilhelm Tell", ihnen und ihrem eigenen Leben besteht? Das Drama „Wilhelm Tell" hat bis heute nichts an Aktualität eingebüßt: Es bietet Action, Spannung und eine Liebesgeschichte, erzählt von politischen Intrigen, Macht und Ohnmacht und thematisiert die Verletzung von Menschenrechten. Das Drama hat also zurecht – auch mehr als zweihundert Jahre nach seinem Erscheinen – seinen Platz auf den Listen der Lektüreempfehlungen für die Schule.

Es gilt jedoch, Bezüge zur Lebenswirklichkeit der Schüler herzustellen. Nur so können sie sich in Leben und Handeln der beteiligten Personen hineinversetzen, nur so wird eine Übertragung des Geschehens auf das eigene Leben und unsere Gesellschaft möglich: Wann muss ich gesetzte Grenzen respektieren? Wann darf ich mich dagegen auflehnen? Wie verhalte ich mich, wenn jemand seine Machtposition gegenüber anderen missbraucht? Wie weit darf und muss ich mich verbiegen, um jemanden von mir zu überzeugen?

Es gibt zahlreiche Vorbehalte gegen die Behandlung des Dramas bereits in der Mittelstufe:

Die an manchen Stellen altertümliche und mit schweizerischen Begriffen durchsetzte Sprache würde sich einem Zugang der jüngeren Schüler verschließen. Ein gemeinsames Lesen der ersten Szenen sorgt jedoch dafür, die anfängliche Distanz zu überwinden.

Die Anzahl der auftretenden Personen sei zu unübersichtlich. Hier ermöglicht eine spielerische Auseinandersetzung mit dem Personenregister eine schnelle Systematisierung.

Mittelstufenschüler seien nicht in der Lage, die Tiefe und Vielschichtigkeit des Dramas zu erfassen. Müssen sie tatsächlich jeden Aspekt, der sich interpretieren ließe, auch interpretieren? Komplexe theoretische Themen wie etwa Schillers Position zur Französischen Revolution oder seine Abhandlung „Die Schaubühne als eine moralische Anstalt betrachtet" können durchaus fortgeschrittenen Mittelstufenklassen und Oberstufenkursen vorbehalten bleiben.

Die Kopiervorlagen in diesem Band motivieren zu einer intensiven Auseinandersetzung mit dem Text. Zum einen leiten sie zu fundiertem wissenschaftlichen Arbeiten an, zum anderen bieten sie zahlreiche handlungs- und produktionsorientierte Zugänge zum Text. Es finden sich Anregungen zur szenischen Interpretation und zur aktiven Umsetzung des Gelesenen sowie Hinweise auf weiterführende Projekte. Alle drei Handlungsstränge (die Tell-Handlung, der Aufstand der Eidgenossen und die Bertha-Rudenz-Handlung) finden Beachtung. Ganz nach Ihren Interessen oder der Ihnen zur Verfügung stehenden Zeit können Sie somit eigene Schwerpunkte setzen.

Nutzen Sie die Möglichkeit, das Drama „Wilhelm Tell" durch eine Vernetzung mit anderen Fächern ganzheitlich erfahrbar zu machen. In enger inhaltlicher Verbindung stehen z. B. im Fach Geschichte Leben und Gesellschaft des Mittelalters und das politische Streben der Habsburger, in Philosophie die Schriften von Kant und Rousseau, in Politik die Behandlung der Menschenrechte sowie die Französische Revolution. In Kunst können Bühnenbilder entworfen und realisiert, im Textilen Werken Kostüme genäht, im Fach Musik Passagen vertont oder vertonte Passagen untersucht werden (Oper von Gioacchino Rossini: „Guillaume Tell").

Das Material gliedert sich in vier thematische Abschnitte, die einen systematischen Zugriff erlauben: Die Kopiervorlagen des Kapitels „Handlung und Figuren" bilden in der vorgegebenen Reihenfolge eine mögliche Unterrichtsreihe ab, können aber auch unabhängig voneinander zum Einsatz kommen. Die Kopiervorlagen der Kapitel „Autor und Entstehung", „Sprache und Stil" und „Rezeptionsgeschichte" können an Stellen, die im Lehrerteil durch Verweise gekennzeichnet sind, ergänzend bzw. vertiefend zum Einsatz kommen. Jedes Kapitel beginnt mit einem ausführlichen Lehrerteil, der Hintergrundinformationen, didaktische Hinweise zur Einbindung der Kopiervorlagen in den Unterricht, Lösungen und weiterführende Anregungen bietet. Direkt einsetzbare Kopiervorlagen für die Hand der Schüler schließen sich jeweils an.

Grundsätzlich ist vor der Lektüre zu entscheiden, ob das Drama vorbereitend zu Hause gelesen werden soll oder ob das Werk sukzessive und unterrichtsbegleitend in Abschnitten gelesen wird. Die Kopiervorlagen eignen sich für beide Vorgehensweisen. Die Seitenangaben im Material beziehen sich auf folgende Textausgabe: Friedrich Schiller: Wilhelm Tell. Stuttgart: Reclam 2014. Die auf den Kopiervorlagen abgedruckten Quellentexte wurden behutsam an die heutige Rechtschreibung angepasst.

1. AUTOR UND ENTSTEHUNG

EINFÜHRUNG

Um das Drama „Wilhelm Tell" zu verstehen und zu interpretieren, reicht es nicht aus, das Werk rein textimmanent zu untersuchen. Erst unter Berücksichtigung biografischer, historischer und literaturgeschichtlicher Bezüge werden Zusammenhänge verständlich.

Schiller lebte Ende des 18. Jh.s in Deutschland. Weshalb entschied er sich für eine Thematik aus dem Mittelalter, zudem aus der Schweiz? Lag die Französische Revolution von 1789 nicht näher, sowohl zeitlich als auch räumlich? Was veranlasste Schiller, den Schweizer Nationalmythos um „Wilhelm Tell" aufzugreifen? Gesteht Schiller den Menschen ein Recht auf Widerstand gegen die Tyrannei zu?

Die Kopiervorlagen dieses Kapitels bieten zu diesen und ähnlichen Fragestellungen grundlegende Texte und Arbeitsmaterialien.

Lernziele

- Die Schüler erkennen, dass eine textimmanente Interpretation nicht ausreicht, um ein literarisches Werk in seiner Gesamtheit zu erfassen.
- Die Schüler stellen biografische, historische und literaturhistorische Bezüge her und gelangen auf diese Weise zu einem umfassenden Verständnis des Dramas „Wilhelm Tell".

Zur Kopiervorlage Seite 11: FRIEDRICH SCHILLER

Neben Goethe ist Schiller der wohl berühmteste deutsche Schriftsteller. Entgegen der vermutlich anfänglichen Erwartung vieler Schüler verlief sein Leben durchaus interessant und abwechslungsreich: Er durchlebte eine Kindheit mit militärischem Drill, genoss die Berühmtheit eines heutigen Popstars, litt unter erdrückender Armut, war zeitlebens kränklich, unternahm zahlreiche Reisen und lernte das glanzvolle Leben an einem Adelshof kennen.

Diese Kopiervorlage zeigt die wichtigsten Stationen in Schillers Leben in nicht-chronologischer Reihenfolge. Durch das bewusste Lesen und Sortieren der Textausschnitte setzen sich die Schüler intensiv mit den Textinhalten auseinander. Relevante Informationen werden somit im Langzeitgedächtnis verankert.

Durch das Erstellen einer Mindmap wird dieser Prozess zusätzlich gefördert. Falls Ihre Schüler bisher noch keine Mindmap erarbeitet haben, geben Sie ihnen folgende Hilfestellung: In der Mitte des Blattes steht das Thema „Friedrich Schiller". Sinnvolle Oberbegriffe, die auf die vom Thema abzweigenden Äste geschrieben werden können, sind z. B. Kindheit, Ausbildung, Anstellungen oder Familie. Die Informationen aus dem Text werden dann den entsprechenden Ästen zugeordnet. Es ist von Vorteil, mit verschiedenen Farben, Symbolen und kleinen Zeichnungen zu arbeiten, statt ausschließlich Stichpunkte notieren zu lassen.

Das anschließende Zeichnen eines Comics provoziert eine positive Haltung gegenüber dem Text. Den Schülern wird dabei die Möglichkeit gegeben, eigene Schwerpunkte innerhalb des Themas zu setzen.

Möglicher Einstieg

Als Einstieg wird den Schülern der folgende kurze Text vorgelesen:

„Das hätten Sie erleben sollen! Während der ersten Aufführung des Dramas ‚Die Räuber' konnte man im Publikum unglaubliche Reaktionen sehen: Die Leute schrien, rollten mit den Augen und stampften mit den Füßen. Wildfremde Menschen lagen sich in den Armen, die Frauen weinten. Dabei ist der Autor erst 23 Jahre alt! Der Erfolg wird sein Leben für immer verändern!"

Fragen Sie die Schüler anschließend nach ihrer Meinung: Wie wird sich das Leben Schillers aufgrund seines Bühnenerfolgs wohl verändern? Nachdem eine Erwartungshaltung aufgebaut wurde, können die Hypothesen der Schüler anhand der Kopiervorlage überprüft werden.

Lösung

A N L C (oder C L) E K B M O I D (oder D I) G J F P H

Weiterführende Anregungen

- Alternativ können die Schüler den Lebenslauf Schillers in Form einer Internetrecherche erarbeiten. Um das reine Kopieren eines im Netz gefundenen Textes zu vermeiden, bietet es sich an, bestimmte Vorgaben zu machen (z. B. „Notiere jeweils fünf bis zehn Stichpunkte zu Orten, an denen Schiller lebte, zu Beziehungen, die er pflegte, zu Werken, die er schrieb, zu Ereignissen, die sein Leben prägten" etc.). Je nach Lerngruppe ist es sinnvoll, vorab geeignete Internetadressen anzugeben. Die Texte können durch gefundene Bilder ergänzt werden. Auch hier bietet sich das Erstellen einer Mindmap an.
- Die Schüler gestalten in Kleingruppen von maximal vier Personen ein Plakat zum Thema „Friedrich Schiller". Die Informationen können entweder der Kopiervorlage entnommen oder selbstständig, z. B. in Form einer vorbereitenden Hausaufgabe, zusammengetragen werden. Weisen Sie die Schüler auf die Kriterien für ein gelungenes Plakat hin: durchdachte und übersichtliche Anordnung der einzelnen Elemente, ausreichend große Schrift (das Plakat sollte aus einiger Entfernung noch deutlich lesbar sein), Strukturierung durch Schriftart, Farben oder allgemein verständliche Symbole etc. Derartige Visualisierungsaktivitäten wirken sich positiv auf Motivation und Merkfähigkeit aus.

Zu den Kopiervorlagen Seiten 12 / 13: DIE ENTSTEHUNG DES WERKES

Die Schüler lernen auf dieser Kopiervorlage die zentralen Punkte der Entstehungsgeschichte des Dramas kennen: Thematisiert werden Goethes Anregung zur Beschäftigung Schillers mit dem Tell-Stoff, Schillers Quellen sowie philosophische Hintergründe, die in das Drama einflossen. Indem die Schüler sich in die Situation Schillers hineinversetzen, gelangen sie zu eigenständigen Interpretationsansätzen.

Lösung

(1) Die Anregung zur Bearbeitung des Stoffes stammt ursprünglich von Goethe. Ich habe die Idee aufgegriffen und mich in den Tell-Stoff vertieft. – (2) Einige Fakten findet man tatsächlich in historischen Quellen (z. B. die Namen der Vögte). Anderes wurde durch eine lange mündliche Überlieferung vermutlich verfälscht. – (3) Ein Drama lässt ein Geschichtswerk auf der Bühne lebendig werden. Die Charaktere werden ausgestaltet und glaubhaft gemacht, die Handlungsmotivation der einzelnen Figuren tritt deutlich zutage, die dem Drama zugrunde liegenden Konflikte lassen sich auf andere Situationen übertragen. Im Unterschied zu einem Geschichtsbuch kommt es im Drama weniger auf die historischen Fakten an. – (4) Die Sage von Wilhelm Tell wurde lange Zeit nur mündlich weitergegeben. Daher kann sich der Inhalt natürlich verändert haben. Wahrscheinlich wusste der Geschichtsschreiber nicht, dass es sich ursprünglich um eine dänische Sage handelte. In der mündlichen Version, die ihn erreichte, war vermutlich nicht mehr Tako der Schütze, sondern bereits der Schweizer Wilhelm Tell. Dass ein schweizerischer Meisterschütze einen Tyrannen erschießt, ist durchaus denkbar und lässt sich gut mit den historischen Fakten vom Tod eines Vogtes verbinden. – (5) Verschiedene Schülerantworten sind möglich. – (6) Das Volk beginnt, selbstständig zu denken und sich aus der Unmündigkeit zu befreien. Es will den früheren Zustand wiederherstellen. Wie auch Kant, wollen die Eidgenossen keine Revolution. („Die alten Rechte, wie wir sie ererbt / Von unsern Vätern, wollen wir bewahren, / Nicht ungezügelt nach dem Neuen greifen. / Dem Kaiser bleibe, was des Kaisers ist, / Wer einen Herrscher hat, dien' ihm pflichtgemäß.", V. 1354–1358; „Was sein muss, das geschehe, doch nicht drüber. / Die Vögte wollen wir mit ihren Knechten / Verjagen und die festen Schlösser brechen, / Doch wenn es sein mag, ohne Blut.", V. 1366–1369)

Weiterführende Anregung

In leistungsstarken Klassen kann zusätzlich der Einfluss des Textes „Vom Gesellschaftsvertrag" von Jean-Jacques Rousseau auf das Drama „Wilhelm Tell" behandelt werden.

i

Jean-Jacques Rousseau (1712 – 1778): Vom Gesellschaftsvertrag

Das Werk „*Du Contrat Social ou Principes du Droit Politique*" des französisch-schweizerischen Philosophen Jean-Jacques Rousseau erschien 1762 in Amsterdam. In einigen Ländern (z. B. Frankreich, Niederlande) wurde es direkt nach Erscheinen verboten. Rousseau ebnete mit diesem Werk den Weg für moderne Demokratietheorien. Rousseau lehnte politische Macht, die auf „Gottesgnadentum" beruht, ab. Für ihn galt als alleinige Grundlage der politischen Macht der allgemeine Wille, der auf das Gemeinwohl abzielt. Rousseau geht davon aus, dass sich Menschen, die zunächst im sogenannten „Naturzustand" leben, zu einer Gemeinschaft zusammenschließen, da dies für sie zahlreiche Vorteile bietet. Die Menschen geben damit freiwillig ihre natürliche Freiheit und Unabhängigkeit auf und fügen sich in eine gesellschaftliche Ordnung. Diese Ordnung beruht auf einem Gesellschaftsvertrag. Es besteht ein wechselseitiges Abkommen zwischen dem Herrscher und dem Volk. Der Herrschende erhält vom Volk die Macht, es unterwirft sich seinem Willen und seinen Anweisungen, er regiert im Sinne des Volkes. Er garantiert dem Volk im Gegenzug Frieden und Schutz. Missbraucht der Herrscher jedoch seine Macht und bricht somit den wechselseitigen Vertrag, so hat das Volk ein Recht auf Widerstand. Es kann dem Herrschenden die Macht wieder entziehen.

Zur Kopiervorlage Seite 14: DIE WEIMARER KLASSIK

Obwohl sie zeitlich auf wenige Jahre begrenzt ist, sich ausschließlich auf eine Stadt beschränkt und, je nach Epochendefinition, lediglich die Werke von vier (Goethe, Schiller, Herder, Wieland) bzw. zwei Autoren (Goethe, Schiller) umfasst, ist die Weimarer Klassik die im Ausland wohl bekannteste deutsche Literaturepoche. Was war das Besondere an dieser Zeit, diesem Ort und diesen Autoren? Die Kopiervorlage geht dieser Fragestellung nach.

Möglicher Einstieg

Werden im Unterricht literarische Epochen behandelt, sollte immer auch auf die Problematik der Epocheneinteilung eingegangen werden. Fragen Sie Ihre Schüler zunächst, wie ihrer Meinung nach Epochen festgelegt werden. Folgende Punkte sollten Sie anschließend gemeinsam mit Ihrer Klasse erarbeiten:

- Bestimmte Zeiträume der literarischen und geistesgeschichtlichen Entwicklung werden immer erst im Nachhinein als Epochen bezeichnet.
- Verschiedene Literaturwissenschaftler teilen Epochen oftmals unterschiedlich ein.
- Epochen können parallel zueinander verlaufen, sodass zeitliche Überschneidungen und Verflechtungen möglich sind.
- Manche Autoren gehören mehreren Epochen an.

All dies trifft auch auf die Weimarer Klassik zu:
- Sie überschneidet sich zeitlich mit anderen Epochen (z. B. Aufklärung, Empfindsamkeit, Sturm und Drang, Romantik).
- Die Epoche wird zeitlich unterschiedlich eingegrenzt.
- Die Schriftsteller Goethe und Schiller werden in ihrer Jugend einer anderen Epoche (Sturm und Drang) zugerechnet.

Um das Erarbeitete noch einmal zusammenzufassen und zu festigen, kann der folgende Text auf Folie kopiert und gemeinsam mit den Schülern gelesen werden:

i

Wer legt Epochen fest?
Literaturwissenschaftler versuchen, die verschiedenen Gedichte, Dramen und Romane, die im Laufe der Jahrhunderte von unzähligen Autoren geschrieben wurden, im Nachhinein zu systematisieren. Dabei werden Werke, die etwa zur selben Zeit entstanden und ähnlichen äußeren Einflüssen unterlagen, auf inhaltliche oder formale Ähnlichkeiten hin untersucht. Man fasst zusammengehörende Autoren und Werke und bestimmte zugrunde liegende Geisteshaltungen zu Epochen zusammen. Hierbei kann jedoch leicht der Eindruck entstehen, Epochen könnten trennscharf voneinander abgegrenzt werden. Sie können sich allerdings zeitlich überschneiden (z. B. Aufklärung, Sturm und Drang), vor allem dann, wenn einige Autoren noch die Ideale einer vorausgehenden Epoche verfolgen, andere hingegen schon zu neuen inhaltlichen oder formalen Schwerpunkten übergegangen sind. Ebenso können Autoren mehreren Epochen zugerechnet werden. So waren Goethe und Schiller in ihren jungen Jahren „Stürmer und Dränger" und erst später Vertreter der Weimarer Klassik. Des Weiteren können verschiedene Literaturwissenschaftler unterschiedliche Schwerpunkte setzen und bei der Eingrenzung oder bei der Benennung von Epochen zu unterschiedlichen Ergebnissen kommen.

Lösung
(1) Der kulturelle, geistige und intellektuelle Austausch in Weimar wurde durch den Hof gefördert. Gebildete Menschen aus unterschiedlichen Wissenschaftsbereichen tauschten sich dort über ihre Ideen und Ansichten aus. – (2) Die Gesellschaft sollte sich zum Besseren verändern. Dies sollte mithilfe von Bildung und Aufklärung bewirkt werden, wobei die Literatur als wichtiger Bestandteil betrachtet wurde. Als soziales und künstlerisches Vorbild galt die griechische Antike. – (3) Als Kriterium für eine Eingrenzung der Epoche kann das Wirken der vier wichtigen Denker Wieland, Goethe, Herder und Schiller in Weimar herangezogen werden. Denkbar wäre dann eine Begrenzung auf den Zeitraum von 1772 (Wieland kommt an den Hof) bis 1832 (Goethes Tod). Allerdings existierten nie zeitgleich enge persönliche Bindungen zwischen allen vier Schriftstellern. Da nur Goethe und Schiller sich als freie Schriftsteller verstanden, kann auch die Zeit der Dichterfreundschaft zwischen Goethe und Schiller und ihre sich gegenseitig befruchtende literarische Arbeit zugrunde gelegt werden. Der Zeitraum wird damit auf 1795 (Goethe und Schiller kommen sich näher) bis 1805 (Schillers Tod) begrenzt.

Weiterführende Anregung
An dieser Stelle bietet sich ein ergänzendes Referat über Madame de Staël (Anne Louise Germaine de Staël-Holstein, 1766–1817) an.

Zur Kopiervorlage Seite 15: SCHILLER UND DIE FRANZÖSISCHE REVOLUTION

Mithilfe dieser Kopiervorlage erkennen die Schüler, wie Schiller seine Haltung zur Französischen Revolution im Drama „Wilhelm Tell" zum Ausdruck bringt. Schiller war bekannt als ein Schriftsteller, der sich mit dem Gewaltmissbrauch der Obrigkeit und der Idee der Freiheit auseinandersetzte. Während er die französische Revolutionsbewegung mit ihrem Motto „Freiheit, Gleichheit, Brüderlichkeit" zunächst begrüßte, wuchsen seine Vorbehalte mit zunehmender Radikalisierung und Anwendung von Gewalt. Die Idee der Menschenrechte griff er in seinem Drama „Wilhelm Tell" auf. Ganz im Sinne Kants entfaltete er hier einen positiven Gegenentwurf zur Französischen Revolution, indem er auf einen Umsturz der gesellschaftlichen Verhältnisse und der politischen Situation verzichtete. Der Aufstand des Volkes richtet sich in „Wilhelm Tell" gegen das Unrecht der Tyrannen, nicht gegen das Staatsoberhaupt. Das Verhältnis von Volk und Herrscher bleibt im Sinne des Gesellschaftsvertrages von Rousseau von dem Aufstand unberührt (siehe auch KV „Die Entstehung des Werkes", S. 12/13).

Lösung

Aufgabe 1

- STAUFFACHER: „Wir stiften keinen neuen Bund, es ist / Ein uralt Bündnis nur von Väter Zeit, / Das wir erneuern!" (V. 1155 ff.)
- MELCHTHAL: „[...] Was braucht's / Des Edelmanns? Lasst's uns allein vollenden" (V. 692 f.)
- RÖSSELMANN: „Wir stehen hier statt einer Landsgemeinde, / Und können gelten für ein ganzes Volk" (V. 1109 f.)
- STAUFFACHER: „Nein, eine Grenze hat Tyrannenmacht, / Wenn der Gedrückte nirgends Recht kann finden, / Wenn unerträglich wird die Last – greift er / Hinauf getrosten Mutes in den Himmel, / Und holt herunter seine ew'gen Rechte" (V. 1275 ff.)
- GERTRUD: „Drum tät es gut, dass eurer etliche, / Die's redlich meinen, still zu Rate giengen, / Wie man des Drucks sich möcht erledigen" (V. 286 ff.)
- ATTINGHAUSEN: „Das Alte stürzt, es ändert sich die Zeit, / Und neues Leben blüht aus den Ruinen" (V. 2426 f.)
- RUDENZ: „Und frei erklär ich alle meine Knechte." (V. 3291)
- WALTHER FÜRST: „Was sein muss, das geschehe, doch nicht drüber. / Die Vögte wollen wir mit ihren Knechten / Verjagen und die festen Schlösser brechen, / Doch wenn es sein mag, ohne Blut" (V. 1366 ff.)
- FRONVOGT: „Zwing Uri soll sie heißen, / Denn unter dieses Joch wird man euch beugen." (V. 370 f.)
- RUODI: „Brecht das Gerüste! Sprengt die Bogen! Reißt / Die Mauern ein! Kein Stein bleib' auf dem andern." (V. 2861 f.)
- RÖSSELMANN: „– Wir wollen sein ein einzig Volk von Brüdern, [...] – Wir wollen frei sein wie die Väter waren [...]" (V. 1448 ff.)

- Hohe Staatsschulden, die auf dem Rücken der armen Leute ausgetragen werden, Missernten, die zu Getreideknappheit führen, und ein sehr hoher Brotpreis sorgen für eine tiefe Unzufriedenheit im Volk.
- Der Pfarrer Abbé Sieyès, Angehöriger des Klerus, ermunterte den Dritten Stand, für seine Rechte zu kämpfen.
- Am 17. 6. 1789 erklärt sich der Dritte Stand zur Nationalversammlung, die sich als Vertretung des ganzen Volkes versteht.
- Der Adel hat an dem politischen Umgestaltungsprozess keinen Anteil.
- Das neue Selbstbewusstsein des Volkes läutet in Europa eine historische Zeitenwende ein.
- Das Motto lautet „Liberté, égalité, fraternité" – „Freiheit, Gleichheit, Brüderlichkeit".
- Das bestehende System soll durch eine Revolution gestürzt werden.
- Im Juli 1789 findet der Sturm auf die Bastille, das Stadtgefängnis, das als Symbol der absolutistischen Herrschaft verstanden wurde, statt.
- Im August 1789 wird die „Erklärung der Menschen- und Bürgerrechte" verkündet. Artikel 1 besagt: Die Menschen werden frei und gleich an Rechten geboren und bleiben es. Soziale Unterschiede dürfen nur im allgemeinen Nutzen begründet sein.
- 1793 wird König Ludwig XVI. von den Revolutionären öffentlich hingerichtet. Es kommt zu einer Radikalisierung der Revolution. Eine Revolutionsregierung bildet sich aus, die mit den Mitteln des Terrors alle Feinde der Revolution verfolgt.

Aufgabe 2

Der richtige Satzanfang ist b). Sinngemäß wird der Satz folgendermaßen fortgeführt: Schiller entwirft mit „Wilhelm Tell" eher einen Gegenentwurf zur Französischen Revolution, denn das Drama handelt nicht von einem Umsturz der gesellschaftlichen Verhältnisse mit einem neuen System als Ziel, sondern von einem Volksaufstand, der bestrebt ist, die Tyrannei zu beenden und die alten Verhältnisse wiederherzustellen. Schiller betont den Verzicht auf Gewaltanwendung. Der Adel ist freiwillig bereit, seine Privilegien aufzugeben (Rudenz). Damit erfährt die alte Gesellschaftsordnung eine Neuerung.

Weiterführende Anregung

Weiterführend bietet es sich an, die Schüler ihre in Aufgabe 2 erarbeiteten Thesen mithilfe des folgenden Textes überprüfen zu lassen.

Friedrich Schiller: Brief an den Herzog von Augustenburg, Juli 1793

„[...] Der Versuch des französischen Volkes, sich in seinen heiligen Menschenrechten einzusetzen und eine politische Freiheit zu erringen, hat bloß das Unvermögen und die Unwürdigkeit desselben an den Tag gebracht. [...] Hätte der Staat die Menschheit wirklich unterdrückt, wie man ihm die Schuld gibt, so müsste man Menschheit sehen, nachdem er zertrümmert worden ist. Aber der Nachlass der äußeren Unterdrückung macht nur die innere sichtbar und der wilde Despotismus der Triebe heckt alle jene Untaten aus, die uns in gleichem Grad anekeln und schaudern machen. [...] Politische und bürgerliche Freiheit bleibt immer und ewig das heiligste aller Güter, das würdigste Ziel aller Anstrengungen und das große Zentrum aller Kultur – aber [...] man wird damit anfangen müssen, für die Verfassung Bürger zu erschaffen, ehe man den Bürgern eine Verfassung geben kann."

WALTHER KILLY: Zeichen der Zeit. Ein deutsches Lesebuch, Bd. 2. Frankfurt a. M. 1960. S. 104 / 105.

Zur Kopiervorlage Seite 16: DIE STRUKTUR DES KLASSISCHEN DRAMAS

Um Struktur, Aufbau und Wirkung des Dramas genau verstehen zu können, sollten sich die Schüler zunächst mit der Dramentheorie auseinandersetzen. Diese Kopiervorlage zeigt anhand der Pyramide nach Gustav Freytag den strengen Aufbau des klassischen bzw. geschlossenen Dramas. Machen Sie den Schülern klar, dass es sich hierbei um ein idealtypisches Schema handelt, das von Schriftstellern nicht verpflichtend eingehalten werden musste.

Möglicher Einstieg

Je nach Wissensstand der Schüler ist es sinnvoll, die Einteilung der Literatur in die drei Grundgattungen zu wiederholen. Die Schüler sollten diese Dreiteilung unbedingt kennen, bevor sie sich näher mit der Gattung des Dramas beschäftigen. Die Begriffe der „Epik" (fortlaufend geschriebene, erzählende Texte), der „Lyrik" (Gedichte) und des „Dramas" (Texte für die

Bühne mit verteilten Rollen) sind unerlässliche Bestandteile des literarischen Grundwissens und helfen zudem, das Neuerlernte zu strukturieren. Ist diese Dreiteilung den Schülern bekannt, können Untergattungen wie Erzählung, Fabel oder Ballade zugeordnet werden. Gehen Sie innerhalb der Gattung „Drama" zudem auf die Unterscheidung zwischen „Komödie" (Personal aus niederen Ständen, lösbarer Konflikt, glücklicher Ausgang) und „Tragödie" (bis Lessing: Einhaltung der Ständeklausel, Personal aus dem Adel, Katastrophe) ein. Daneben können auch Unterschiede und Gemeinsamkeiten von Schauspiel und Film erarbeitet werden.

Lösung

Aufgabe 1

Die Handlung des Dramas „Wilhelm Tell" besteht aus drei Handlungssträngen: dem politischen Widerstand der Bevölkerung, den Ereignissen um Wilhelm Tell, der Liebesgeschichte zwischen Bertha und Rudenz und, damit verknüpft, der Haltung des Adels gegenüber den politischen Ereignissen. Die drei Handlungsstränge sind an vielen Stellen miteinander verbunden und laufen auf ein gemeinsames Ziel zu: die Beendigung der Tyrannei der Vögte. Damit lässt sich die Handlung unter der Überschrift „Aufstand der Eidgenossen gegen politische Unterdrückung" zusammenfassen. – Die Handlung erstreckt sich über einen Zeitraum von mehreren Wochen. Dieser lässt sich nicht genauer bestimmen, da das Drama keine Zeitangaben enthält. – Die Handlung spielt an einer Vielzahl verschiedener Handlungsorte.

Aufgabe 2

A Höhepunkt / Wendepunkt (Peripetie) – B retardierendes Moment – C Einleitung (Exposition) – D erregendes Moment

Aufgabe 3

Das pyramidale Schema lässt sich gut auf das Drama „Wilhelm Tell" übertragen.

Exposition: Es handelt sich um eine idealtypische Exposition. Im 1. Akt führen drei beispielhafte Unrechtsfälle dem Zuschauer die Unterdrückung der Eidgenossen durch die Vögte vor Augen. Die Idee des politischen Widerstandes wird geboren, Protagonist Tell und Antagonist Geßler werden vorgestellt.

Erregendes Moment: Im 2. Akt wird auf dem Rütli der politische Widerstand in die Wege geleitet. Beim Zuschauer steigt die Spannung, ob und wie es gelingen wird, die Vögte zu vertreiben.

Peripetie: Der dritte Akt ist der dramatische Höhepunkt und zugleich der Wendepunkt des Dramas. Die drei Handlungsstränge laufen zusammen. Die Gefangennahme Tells führt zur völligen Verzweiflung der Eidgenossen: „O nun ist alles, alles hin! Mit Euch / Sind wir gefesselt alle und gebunden!" (V. 2091 f.). Die Spannung beim Zuschauer steigt, da nun der Ausgang der Handlung ungewiss erscheint.

Retardierendes Moment: Der Beginn des 4. Aktes bringt Klarheit. Tell konnte entkommen, alles läuft auf eine glückliche Wendung zu. Tell tötet den Tyrannen, allerdings wird sein tödlicher Schuss durch das spannungsaufbauende Auftreten von Armgart zeitlich verzögert.

Lösung: Im 5. Akt stürmen die Eidgenossen die Burgen der Vögte. Der Schluss vermittelt das Bild eines neuen Staates: ein Zusammenleben in Freiheit und Gemeinschaft.

Weiterführende Anregung

Weiterführend empfiehlt es sich, die Darstellungsmöglichkeiten von Zeitspannen auf der Bühne zu besprechen. Das Drama erstreckt sich über eine Zeitspanne von mehreren Wochen, eine Theateraufführung dauert in der Regel nur wenige Stunden. Mit welchen Mitteln lässt sich diese zeitliche Diskrepanz auf der Bühne darstellen?

Zu den Kopiervorlagen Seiten 17 / 18: DIE SCHAUBÜHNE ALS EINE MORALISCHE ANSTALT BETRACHTET

In seinem Essay, der hier in didaktisch verkürzter Form vorliegt, hebt Schiller die gesellschaftliche Bedeutung des Dramas hervor: Ein Drama könne das Verhalten der Menschen stärker beeinflussen als es beispielsweise drohende Strafen bei falschem Verhalten könnten. Das Schauspiel spreche alle gesellschaftlichen Stände an und habe daher Einfluss auf die gesamte Gesellschaft.

Die Beantwortung der Fragen sichert das Verständnis des Textes. Die letzte Aufgabe schlägt den Bogen zwischen Schillers theoretischen Aussagen und dem Drama „Wilhelm Tell".

Lösung

Aufgabe 2

1. Von wem wurden aus welchem Grund Schaubühnen eingeführt?

Der Gesetzgeber erkannte, dass die Menschen einen Ausgleich zur Arbeit brauchten.

2. Wodurch und wie wirkt das Trauerspiel (die Tragödie) auf den Menschen?

Ereignisse aus „Fantasie und Geschichte, Vergangenheit und Zukunft" werden auf die Bühne gebracht. Der Zuschauer erlebt „Entsetzen" und „Schauern", vorgeführte Unrechtstaten wirken „heilsam". Das Gesehene provoziert Gefühle und Leidenschaften, die zu besserem Handeln anregen. Die „sichtbare Darstellung" auf der Bühne wirkt eindringlicher auf den Zuschauer als ein Text, sie wirkt tiefer und langfristiger als Moral und Gesetze.

3. Wodurch und wie wirkt das Lustspiel (die Komödie) auf den Menschen?

Sie hält dem Menschen einen Spiegel vor und verspottet durch Scherz und Satire die gezeigten Torheiten und Lächerlichkeiten. Der Zuschauer erkennt seine eigenen Schwächen, wird

aber, da er nicht direkt angesprochen wird, nicht bloßgestellt. Er versteht die Handlung als Ermahnung.
4. Welchen Nutzen können die Zuschauer, die sich weder lasterhaft noch dumm verhalten, aus der Schaubühne ziehen?
Sie bereitet auf die Begegnung mit lasterhaften Menschen und Toren vor. Sie lehrt uns anhand von Beispielen, wie man sein eigenes Schicksal ertragen kann. Sie lehrt uns, den Menschen gerechter und rücksichtsvoller gegenüberzutreten und nicht vorschnell zu urteilen.
5. Inwiefern zeigt die Schaubühne laut Schiller in seiner Zeit bereits Wirkung?
Die Herrscher zeigen zunehmend Menschlichkeit, da ihnen auf der Bühne Verhalten und Wesen des einfachen Menschen nahegebracht werden. Die Menschen, die durch die Bühne bereits Besserung erfahren haben, geben dies an ihre Mitmenschen weiter.
6. Was kann die Schaubühne für die Gemütslage des Einzelnen leisten?
Die Schaubühne bietet kurzweilige und zugleich bildende Unterhaltung. Sie ermöglicht es, für kurze Zeit aus dem Alltag auszubrechen und die Gemütslage jedes Einzelnen zu verbessern.

Aufgabe 3
Ablehnung und Entsetzen angesichts der Unrechtstaten der Vögte; Bewunderung gegenüber den Aufständischen; Bewunderung von Tells selbstlosem Verhalten (I,1 Rettung Baumgartens); Bewunderung des aufopferungsvollen Verhaltens gegenüber einer guten Sache (I,2 Gertrud); Bewunderung des Mutes, sich unter Lebensgefahr für die Gerechtigkeit zu engagieren (II,2 Beschluss des politischen Widerstandes); Bewunderung des Mutes, sich Mächtigen in den Weg zu stellen (IV,3 Armgart).

Weiterführende Anregung
Um den über zweihundert Jahre alten Vortrag mit der Lebenswirklichkeit der Schüler zu verbinden, bietet es sich an, folgende Fragen zu stellen:
- Welche Möglichkeiten bestehen im heutigen Leben, sich aus der Wirklichkeit hinwegzuträumen oder sich von „heilsamen Leidenschaften“ erschüttern zu lassen?
- Denkbare Antworten, die anschließend in der Klasse diskutiert werden können, sind z. B. Bücher, Filme oder Serien.
- Hatte und hat die Schaubühne deiner Meinung nach die Bedeutung, die Schiller ihr zumisst?
- Die Bühne kann heute, sofern man sich darauf einlässt, durchaus denselben Effekt haben. Andere Unterhaltungsmedien (z. B. Filme, Serien) haben heute sicherlich eine ähnliche Bedeutung.

FRIEDRICH SCHILLER

1. Ordne die Angaben zu Friedrich Schillers Leben chronologisch und schreibe die Buchstaben in der richtigen Reihenfolge in die Kästchen. Erstelle anschließend eine Mindmap zu Friedrich Schillers Leben.

(J)
Schiller freundete sich 1794 mit Goethe an. Zunächst verbrachte er zwei Wochen als Gast in Goethes Haus, anschließend entwickelte sich zwischen den beiden ein reger Briefwechsel. Goethe und Schiller arbeiteten zusammen mit anderen bekannten Schriftstellern und Philosophen an der Monatsschrift „Die Horen". 1799 zog Schiller mit seiner Familie nach Weimar.

(C)
Mit seinen Freunden las und diskutierte Friedrich heimlich an der Schule verbotene Bücher. Er verfasste eigene Gedichte, in denen er seine Erfahrungen, die er bereits mit Macht, Gewalt und Unterdrückung gemacht hatte, verarbeitete. Hier besiegte und verlachte der junge Dichter korrupte Herrscher und Tyrannen.

(P)
1802 wurde Schiller geadelt. Der Dichter, der von nun an Friedrich von Schiller hieß, sah sich auf dem Höhepunkt seiner Karriere. Endlich konnte er von seinem Schriftstellerberuf leben. Er verdiente gut und sein Name war weit über die Landesgrenzen hinaus bekannt. So erfolgreich Schiller mittlerweile war, so schlecht stand es um seine Gesundheit.

(L)
Die Schüler wurden mit militärischem Drill erzogen. Ohne Ferien und abgeschottet von der Außenwelt lebte Friedrich sieben Jahre lang im Internat. Zum Essen wurde im Gleichschritt marschiert, Besuche bei der eigenen Familie waren nicht erlaubt. Vergehen wurden mit Stockhieben oder Arrest bestraft.

(H)
1805 starb Friedrich Schiller an einer Lungenentzündung in Weimar. Zunächst wurde er auf dem Jacobsfriedhof bestattet, dann aber 1827 in die „Fürstengruft" des neuen Weimarer Friedhofs überführt, wo später auch Goethe an Schillers Seite beigesetzt wurde.

(O)
Nach 1784 war Schiller schwer verschuldet und auf finanzielle Unterstützung von außen angewiesen. Zwei Jahre lang wohnte er bei seinem engen Vertrauten Christian Gottfried Körner. Körner verehrte Schiller und schätzte seine Dramen.

(K)
Heimlich vollendete Schiller 1781 sein Theaterstück „Die Räuber". Bereits 1782 wurde es in Mannheim erfolgreich uraufgeführt. Besonders das jugendliche Publikum identifizierte sich mit Karl Moor, der aufgrund von Intrigen dem bürgerlichen Leben den Rücken zukehrt.

(I)
1787 reiste Schiller nach Weimar, wo er auf Herder und Wieland traf. 1788 begegnete er Goethe, der gerade von seiner Italienreise zurückgekehrt war. Durch dessen Unterstützung wurde Schiller 1789 schließlich Professor für Geschichte in Jena, bis 1790 allerdings ohne feste Bezahlung.

(B)
Ohne genehmigten Urlaub reiste Schiller nach Mannheim, um bei der Uraufführung der „Räuber" dabei sein zu können. Als Herzog Carl Eugen davon erfuhr, ließ er Schiller vorübergehend einsperren und erteilte ihm Schreibverbot. Heimlich floh Schiller ins benachbarte „Ausland" nach Mannheim.

(M)
Es begann eine finanziell schwierige Zeit. Schiller wohnte sieben Monate bei der Mutter eines ehemaligen Mitschülers. Hier arbeitete er an den später erfolgreichen Stücken „Kabale und Liebe" und „Don Carlos". 1783 erhielt er für ein Jahr eine Stelle als Theaterdichter in Mannheim.

(G)
Schiller erkrankte 1791 an einer lebensgefährlichen Lungenentzündung. Zwei Gönner unterstützten ihn mehrere Jahre. Schillers Briefe an einen der Gönner, Friedrich Christian von Augustenburg, wurden als theoretische Schrift „Über die ästhetische Erziehung des Menschen" veröffentlicht.

(D)
In Weimar verliebte er sich in Charlotte von Lengefeld und in ihre verheiratete Schwester Caroline von Beulwitz. Beide waren interessiert an Literatur und brachten dem Dichter große Zuneigung entgegen. 1790 heiratete Schiller schließlich Charlotte. Die beiden bekamen vier Kinder.

(N)
Mit dem Ziel Pfarrer zu werden, besuchte Friedrich zunächst die Lateinschule. Doch Herzog Carl Eugen setzte sich über Friedrichs Berufswunsch hinweg und schickte ihn – gegen den Willen seiner Eltern – 1773 auf die von ihm neu gegründete „Militär-Pflanzschule" bei Stuttgart. Friedrich wurde damit dem Herzog „übereignet".

(E)
Schiller studierte zunächst Jura, wechselte dann aber zur Medizin. 1780 beendete er die Schule und wurde von Herzog Carl Eugen als Regimentsarzt eingesetzt. Der Druck der Schule fiel nun von ihm ab und Friedrich besuchte regelmäßig Kneipen, trank viel, rauchte, spielte und wohnte zeitweise in Wohngemeinschaften.

(A)
Friedrich Schiller wurde 1759 als Sohn des Offiziers und Wundarztes Johann Caspar Schiller und der Gastwirtstochter Elisabeth Dorothea Schiller in Marbach am Neckar geboren. Er war das zweite von sechs Kindern. Weil der Vater beruflich oft versetzt wurde, wechselte die Familie mehrmals den Wohnort.

(F)
Die Freundschaft mit Goethe war literarisch sehr fruchtbar: 1797/98 schrieb Schiller – ebenso wie Goethe – viele Balladen wie „Der Handschuh" oder „Die Bürgschaft". Außerdem beendete Schiller weitere Dramen: 1800 „Maria Stuart", 1801 „Die Jungfrau von Orleans", 1803 „Die Braut von Messina" und 1804 „Wilhelm Tell".

2. Wähle mindestens neun Szenen aus, die dir besonders interessant erscheinen. Stelle sie in Form eines Comics dar.

DIE ENTSTEHUNG DES WERKES (1)

Friedrich Schiller wird nach den ersten erfolgreichen Aufführungen des Dramas „Wilhelm Tell“ von einem Journalisten der „Literarischen Monatsblätter“ interviewt. Versetze dich in Schillers Lage und beantworte die folgenden Fragen mithilfe der Texte vom zweiten Blatt.

Wie kamen Sie ursprünglich auf die Idee, die Sage von Wilhelm Tell als Vorlage für Ihr Drama zu verwenden?

Glauben Sie, dass sich die Ereignisse tatsächlich so zugetragen haben, wie Sie es in Ihrem Drama schreiben?

Sie haben sich an der Vorlage eines Geschichtsschreibers orientiert. Worin besteht Ihrer Meinung nach der Hauptunterschied zwischen der Darstellung von historischen Ereignissen in einem Geschichtsbuch und der Handlung in einem Drama?

Sicherlich haben Sie inzwischen von der dänischen Sage des Tako gehört. Wie erklären Sie sich, dass die Schweizer diese dänische Sage in ihre eigene Geschichtsschreibung eingeflochten haben?

Wenn Sie früher gewusst hätten, dass die Handlung um Wilhelm Tell nicht auf eine Sage schweizerischen Ursprungs zurückgeht, hätten Sie dann einen anderen Helden erfunden, der Geßler erschießt? Warum oder warum nicht?

Sie haben sich mit den Philosophen unserer Zeit auseinandergesetzt. Flossen die Gedanken Kants in das Drama ein? Wenn ja, inwiefern?

DIE ENTSTEHUNG DES WERKES (2)

Goethe an Schiller

Mein lieber Schiller, ich grüße Sie ganz herzlich von meiner Schweizreise! Die Schweiz ist ein faszinierendes Land! Die Menschen hier erzählen mir viele Legenden, die sich in dieser Gegend zugetragen haben sollen und die sehr unterhaltsam sind. Aber glauben Sie nur, ich bekam auch eine ganz besondere Geschichte erzählt. Sie wird eine wundervolle Vorlage für ein neues Buch sein, das ich zu schreiben beabsichtige! Natürlich ist auch der Schauplatz dieser Geschichte die Schweiz, man muss das Ganze nur noch etwas ausarbeiten.

Hinweis: Zurück in der Heimat hatte Goethe so viel zu tun, dass er die Legende von Wilhelm Tell aus Zeitmangel nicht bearbeitete.

Die Sage von Tako, dem Meisterschützen (12. Jh.)

Historiker entdeckten später, dass schon im 12. Jh. die dänische Sage des „Tako" existierte. Der Mönch Saxo Grammaticus hatte sie in seinem Werk „Taten der Dänen" (um 1200) niedergeschrieben:

Tako rühmt sich öffentlich, ein guter Schütze zu sein. Der Herrscher lässt ihn zum Beweis seiner Schießkünste auf einen Apfel schießen, der auf den Kopf seines Kindes gelegt wird. Tako legt einen zweiten Pfeil bereit, um den Herrscher zu töten, falls er statt des Apfels sein Kind trifft. Der Schuss gelingt dem Meisterschützen jedoch. Zu einem späteren Zeitpunkt erschießt Tako den Herrscher, während dieser im Wald seine Notdurft verrichtet.

Die Sage von Tako hat später wohl auch das Gebiet der Schweiz erreicht. Dort wurde sie mit dem Namen Wilhelm Tell und einigen historischen Ereignissen der Schweiz verknüpft. Schiller kannte diese Sage nicht, als er sein Drama verfasste.

Aegidius Tschudi: Chronicum Helveticum (Basel, 1734–36)

Schiller war selbst nie in der Schweiz. Für seine Recherchen hängte er sich in seinem Arbeitszimmer Landkarten auf und las unzählige Bücher, in denen die Geschichte des Landes und die Bevölkerung beschrieben wurden. Besonders vertiefte er sich in alte Chroniken. Die Geschichtsschreiber, die diese Chroniken verfassten, studierten ihrerseits alte Urkunden oder Niederschriften von alten mündlichen Überlieferungen und Sagen, um die Geschichte der Schweiz zu dokumentieren.

In dem Geschichtswerk des Schweizer Gelehrten Aegidius Tschudi (1505–1572) finden sich viele Details, die Schiller in sein Drama übernimmt. So berichtet Tschudi von den Vögten Geßler und Landenberger, die die Bevölkerung der Waldstätten drangsalieren. Vogt Geßler lässt die Festung „Zwing Uri" bauen und in Altdorf einen Hut, dem die Bevölkerung Reverenz erweisen soll, auf eine Stange hängen und bewachen. Ebenso beschreibt Tschudi das Treffen auf dem Rütli, den Beschluss des Widerstandes gegen die Vögte, die Missachtung des Hutes durch Tell, den Schuss auf den Apfel auf dem Kopf von Tells Sohn und die Ermordung Geßlers durch Tell in der Hohlen Gasse. Einige Dialoge, z. B. zwischen Stauffacher und Geßler oder Geßler und Wilhelm Tell übernimmt Schiller sogar wörtlich von Tschudi. Andere Details erfindet er neu (z. B. Melchthals Vater), einige Ereignisse schmückt er aus (z. B. die Ermordung Geßlers in der Hohlen Gasse, diese umfasst bei Tschudi nur wenige Sätze), manches ändert Schiller ab: Bei Tschudi wird Tell z. B. zu Geßler auf die Burg gerufen, um für die Missachtung des Hutes Rechenschaft abzulegen, die Apfelschuss-Szene findet bei Schiller öffentlich statt.

Immanuel Kant: Was ist Aufklärung? (1784)

Die bestehende Gesellschaftsform zu Schillers Zeit war der Absolutismus: Der König hatte die absolute Macht über sein Volk. Da das Bürgertum aber ein immer wichtigerer Teil der Gesellschaft wurde, befassten sich viele Philosophen und Schriftsteller mit der Frage, wie der ideale Staat bzw. der ideale Bürger beschaffen sein sollte.

Einer der bekanntesten Philosophen jener Zeit war Immanuel Kant. Er war der Meinung, dass die Menschen selbst schuld daran seien, dass die Herrscher sie bevormundeten. Ihre Unmündigkeit liege nicht an mangelndem Verstand, sondern an fehlender Entschlusskraft und dem fehlenden Mut, sich für Veränderungen einzusetzen. Kant forderte die Menschen auf, sich ihres Verstandes zu bedienen. Er riet zunächst zu einem Umdenken der Menschen. Seiner Meinung nach könne die Umgestaltung der Gesellschaft nicht von heute auf morgen (z. B. durch eine Revolution) erfolgen. Dadurch könne man zwar den momentan Herrschenden absetzen und die Unterdrückung vorläufig beenden, es sei aber keine Grundlage für eine neue Gesellschaft: „[...] neue Vorurteile werden, eben sowohl als die alten, zum Leitbande des gedankenlosen großen Haufens dienen."

DIE WEIMARER KLASSIK

Finde mithilfe des Interviews Antworten auf folgende Fragen:

1. **Weshalb konnte gerade in Weimar ein so reger Austausch über Kunst, Literatur und andere Wissenschaften stattfinden?**
2. **Welche Ideen waren den Denkern in Weimar gemeinsam?**
3. **Wenn du Literaturwissenschaftler wärst, wie würdest du die Literaturepoche „Weimarer Klassik" eingrenzen? Welche Kriterien wären für dich entscheidend?**

Reporter: Madame de Staël, Sie haben vor vielen Jahren etwa drei Monate in Weimar verbracht. Dort haben Sie Goethe, Schiller, Wieland und Herder persönlich kennengelernt und auch das Hofleben bei Herzog Karl August von Sachsen-Weimar-Eisenach genossen. Was war das Besondere an Weimar?

M.d.S.: Ein kunstinteressierter, junger Fürst ermöglichte jungen, aufgeklärten Schriftstellern, sich und ihre Ideen zu entfalten. Er schätzte ihre Gesellschaft. Am Hofe herrschte eine inspirierende Atmosphäre. Zu jener Zeit nannte man Weimar auch das deutsche Athen.

Reporter: Weshalb der Vergleich mit Athen?

M.d.S.: Die griechische Antike war für alle das große soziale und künstlerische Vorbild. Die Athener galten als hoch entwickelt und gebildet, ebenso wie die in Weimar um den Hof herum versammelten Menschen. Die Literatur, die in Weimar entstand, setzte sich zum Ziel, mithilfe der vermittelten Ansichten und Ideale, Bildung und Aufklärung bei den Menschen zu bewirken. Sie sollte zu einer Höherentwicklung der Gesellschaft beitragen und die bestehenden Verhältnisse verbessern.

Reporter: In welchem Rahmen fand in der kleinen Stadt Weimar ein geistiger Austausch statt?

M.d.S.: Weimar war keine kleine Stadt. Weimar wurde zu einem Zentrum der Kultur, es war ein Ort des geistigen, intellektuellen und kulturellen Austauschs. Neue Erscheinungen in der Kunst, aber auch politische Ereignisse höchsten Ranges, wurden heftig und interessiert diskutiert. Schiller beschäftigte sich mit Kants philosophischen Schriften und war mit Wilhelm von Humboldt befreundet, einem Universalgenie. Goethe machte naturwissenschaftliche Forschungen und reiste viel. Alle diese Einflüsse hatten Auswirkungen auf den geistigen Austausch bei Hofe.

Reporter: Da hatte der Herzog ja Glück, dass sich so viele interessierte Leute in Weimar aufhielten! Sonst hätte es ja keinen derartigen Austausch gegeben.

M.d.S.: Nun, die Leute waren ja nicht zufällig dort. Man holte sie sich an den Hof. Bereits mit 18 Jahren übernahm der Herzog die Regierungsgeschäfte. Wieland, der berühmte Dichter, war schon 1772 als sein Erzieher nach Weimar berufen worden. Den 26-jährigen Goethe, der durch sein Drama „Die Leiden des jungen Werther" im Jahre 1774 sehr bekannt geworden war, lud er ein und schenkte ihm ein schönes Haus im Park. Auf diese Weise band er ihn an seinen Hof. Schon bald wurde Goethe ein politischer Berater und Minister. Er brachte einige Reformen mit auf den Weg, engagierte sich gegen soziale Ungerechtigkeit und für die kleinen Leute.

Reporter: Hatte Goethe auch Einfluss auf den Kreis der Menschen, die dem Hofe zuzurechnen waren?

M.d.S.: Ja, Goethes Einfluss war groß, seine Meinung wurde sehr geschätzt. 1776 verschaffte er beispielsweise dem Theologen, Historiker und Philosophen Johann Gottfried Herder eine Anstellung als Oberhofprediger. So floss auch Herders Idee von der Bildung der Humanität in die Diskussionen bei Hofe ein.

Reporter: Und Schiller? Man spricht doch von dem klassischen „Viergestirn".

M.d.S.: Der Herzog wohnte 1784 einer Lesung von Schiller am Darmstädter Hof bei und verlieh ihm dort den Titel eines „Weimarer Rats". 1787 reiste Schiller erstmals nach Weimar. Zunächst hielt er Goethe, den er kennen, aber nicht schätzen gelernt hatte, für elitär. Goethe hingegen hielt Schiller für einen jungen Heißsporn. Erst durch die gemeinsame Arbeit für die Zeitschrift „Die Horen" und einen regen Briefwechsel kamen sie sich ab 1795 näher. 1799 zog Schiller nach Weimar und wurde 1802 geadelt. So blieb auch er dem Hofe treu.

Reporter: Die Freundschaft zwischen Schiller und Goethe dauerte nur von 1795 bis zum Tode Schillers 1805.

M.d.S.: Ja, Schiller starb leider viel zu früh. Die beiden befruchteten sich in literarischer Hinsicht gegenseitig, schrieben viele Balladen, Schiller viele Dramen, Goethe den berühmten Roman „Wilhelm Meisters Lehrjahre". Sie gaben sich ihre Werke regelmäßig zu lesen und legten viel Wert auf den Kommentar des anderen. In ihrem literarischen Wert kann die so entstandene Literatur der beiden kaum überschätzt werden.

Reporter: Ich danke Ihnen für das Gespräch!

SCHILLER UND DIE FRANZÖSISCHE REVOLUTION

Die folgenden Zitate aus dem Drama zeigen Friedrich Schillers Position zu den Ereignissen der Französischen Revolution. Manche Aspekte befürwortet Schiller, andere lehnt er ab und stellt ihnen seine eigenen Vorstellungen von einer Verbesserung der Gesellschaft entgegen.

1. Ordne den zentralen Ereignissen der Französischen Revolution die entsprechenden Zitate zu, indem du sie verbindest.

STAUFFACHER: „Wir stiften keinen neuen Bund, es ist / Ein uralt Bündnis nur von Väter Zeit, / Das wir erneuern!“ (V. 1155 ff.)
MELCHTHAL: „[...] Was braucht's / Des Edelmanns? Lasst's uns allein vollenden“ (V. 692 f.)
RÖSSELMANN: „Wir stehen hier statt einer Landsgemeinde, / Und können gelten für ein ganzes Volk“ (V. 1109 f.)
STAUFFACHER: „Nein, eine Grenze hat Tyrannenmacht, / Wenn der Gedrückte nirgends Recht kann finden, / Wenn unerträglich wird die Last – greift er / Hinauf getrosten Mutes in den Himmel, / Und holt herunter seine ew'gen Rechte“ (V. 1275 ff.)
GERTRUD: „Drum tät es gut, dass eurer etliche, / Die's redlich meinen, still zu Rate giengen, / Wie man des Drucks sich möcht erledigen“ (V. 286 ff.)
ATTINGHAUSEN: „Das Alte stürzt, es ändert sich die Zeit, / Und neues Leben blüht aus den Ruinen“ (V. 2426 f.)
RUDENZ: „Und frei erklär ich alle meine Knechte.“ (V. 3291)
WALTHER FÜRST: „Was sein muss, das geschehe, doch nicht drüber. / Die Vögte wollen wir mit ihren Knechten / Verjagen und die festen Schlösser brechen, / Doch wenn es sein mag, ohne Blut“ (V. 1366 ff.)
FRONVOGT: „Z w i n g U r i soll sie heißen, / Denn unter dieses Joch wird man euch beugen.“ (V. 370 f.) RUODI: „Brecht das Gerüste! Sprengt die Bogen! Reißt / Die Mauern ein! Kein Stein bleib' auf dem andern.“ (V. 2861 f.)
RÖSSELMANN: „– Wir wollen sein ein einzig Volk von Brüdern, [...] – Wir wollen frei sein wie die Väter waren [...]“ (V. 1448 ff.)

Hohe Staatsschulden, die auf dem Rücken der armen Leute ausgetragen werden, Missernten, die zu Getreideknappheit führen, und ein sehr hoher Brotpreis sorgen für eine tiefe Unzufriedenheit im Volk.
Der Pfarrer Abbé Sieyès, Angehöriger des Klerus, ermunterte den Dritten Stand, für seine Rechte zu kämpfen.
Am 17. 6. 1789 erklärt sich der Dritte Stand zur Nationalversammlung, die sich als Vertretung des ganzen Volkes versteht.
Der Adel hat an dem politischen Umgestaltungsprozess keinen Anteil.
Das neue Selbstbewusstsein des Volkes läutet in Europa eine historische Zeitenwende ein.
Das Motto lautet „Liberté, égalité, fraternité“ – „Freiheit, Gleichheit, Brüderlichkeit“.
Das bestehende System soll durch eine Revolution gestürzt werden.
Im Juli 1789 findet der Sturm auf die Bastille, das Stadtgefängnis, das als Symbol der absolutistischen Herrschaft verstanden wurde, statt.
Im August 1789 wird die „Erklärung der Menschen- und Bürgerrechte“ verkündet. Artikel 1 besagt: Die Menschen werden frei und gleich an Rechten geboren und bleiben es. Soziale Unterschiede dürfen nur im allgemeinen Nutzen begründet sein.
1793 wird König Ludwig XVI. von den Revolutionären öffentlich hingerichtet. Es kommt zu einer Radikalisierung der Revolution. Eine Revolutionsregierung bildet sich aus, die mit den Mitteln des Terrors alle Feinde der Revolution verfolgt.

2. Wähle den deiner Meinung nach zutreffenden Satzanfang aus und führe den Satz fort.

a) Schiller ist eher ein Befürworter der Französischen Revolution, denn ...
b) Schiller entwirft mit „Wilhelm Tell“ eher einen Gegenentwurf zur Französischen Revolution, denn ...

DIE STRUKTUR DES KLASSISCHEN DRAMAS

Aristoteles' Schrift zur Poetik bildete die Grundlage für die Lehre von den sogenannten **drei Einheiten**. Nach dieser dramentheoretischen Vorschrift hatte ein Drama folgende drei Einheiten zu beachten:

Einheit der Handlung: Der Zuschauer folgt einer durchgängigen Haupthandlung. Diese ist gekennzeichnet durch einen Ausgangspunkt, von dem aus sich die Handlung entwickelt, und ein Ende, das den Abschluss der Handlung darstellt. Die Handlung ist chronologisch und nach logischen Gesichtspunkten aufgebaut.

Einheit der Zeit: Die gesamte Handlung findet innerhalb eines Tages statt.

Einheit des Ortes: Der Schauplatz bleibt das ganze Drama über derselbe.

1. Überlege, inwiefern „Wilhelm Tell" dem Prinzip der drei Einheiten folgt.

2. In seiner Schrift „Die Technik des Dramas" entwarf Gustav Freytag 1863 ein pyramidales Schema, das den Aufbau eines klassischen Dramas beschreibt. Ordne die folgenden Definitionen den Fachbegriffen in der Pyramide zu. Trage den passenden Buchstaben an der entsprechenden Stelle in der Grafik ein.

A Hier schlägt die Handlung um und steuert auf die Katastrophe oder die Lösung zu.
B Die Dramenhandlung wird durch ein Element der Spannung kurz vor Ende verzögert.
C Der Zuschauer erfährt hier die Vorgeschichte und lernt wichtige Figuren des Dramas kennen.
D Hier wird der Konflikt der Handlung in Gang gesetzt.

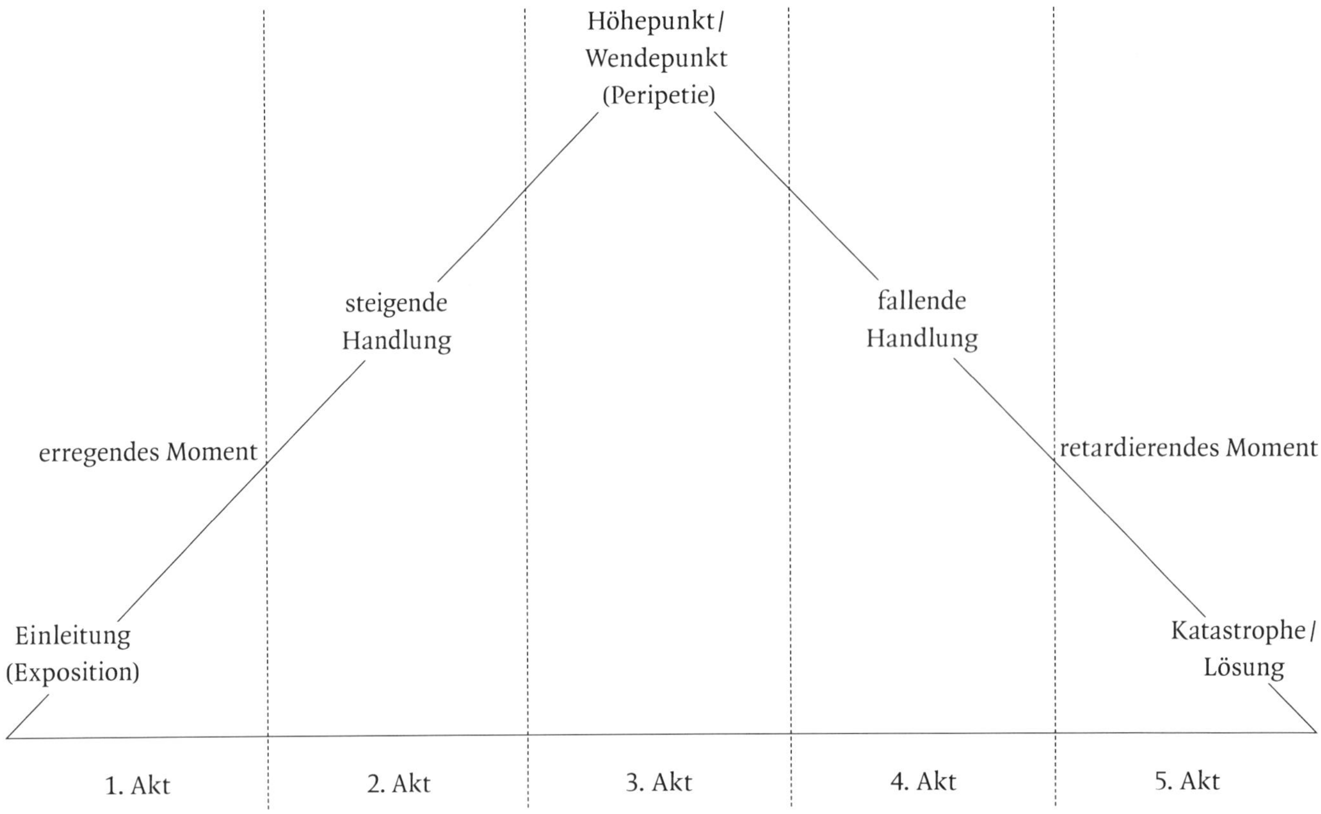

3. Lassen sich im Drama „Wilhelm Tell" Exposition, erregendes Moment, Wendepunkt, retardierendes Moment und Katastrophe oder Lösung finden? Nenne die entsprechenden Ereignisse.

DIE SCHAUBÜHNE ALS EINE MORALISCHE ANSTALT BETRACHTET

1. Schiller hielt 1784 einen Vortrag mit dem Titel „Die Schaubühne als eine moralische Anstalt betrachtet". Lies die folgenden Textausschnitte und unterstreiche die Stellen, die dir zentral erscheinen.

2. Ordne die Fragen den richtigen Textabschnitten zu, schreibe sie auf die Zeilen und beantworte sie anschließend mithilfe der Texte.

· Wodurch und wie wirkt das Trauerspiel (die Tragödie) auf den Menschen?
· Inwiefern zeigt die Schaubühne laut Schiller in seiner Zeit bereits Wirkung?
· Von wem wurden aus welchem Grund Schaubühnen eingeführt?
· Wodurch und wie wirkt das Lustspiel (die Komödie) auf den Menschen?
· Welchen Nutzen können die Zuschauer, die sich weder lasterhaft noch dumm verhalten, aus der Schaubühne ziehen?
· Was kann die Schaubühne für die Gemütslage des Einzelnen leisten?

1. ______________________________

____

Erschöpft von den höheren Anstrengungen des Geistes, ermattet von den einförmigen, oft niederdrückenden Geschäften des Berufs und von Sinnlichkeit gesättigt, musste der Mensch eine Leerheit in seinem Wesen fühlen, die dem ewigen Trieb nach Tätigkeit zuwider war. [...] darum wählte er [der Gesetzgeber] vor allen andern die Bühne, die dem nach Tätigkeit dürstenden Geist einen unendlichen Kreis eröffnet, jeder Seelenkraft Nahrung gibt, ohne eine einzige zu überspannen, und die Bildung des Verstandes und des Herzens mit der edelsten Unterhaltung vereinigt.

2. ______________________________

____

Die Gerichtsbarkeit der Bühne fängt an, wo das Gebiet der weltlichen Gerichte sich endigt. Wenn die Gerechtigkeit für Gold verblindet und im Solde der Laster schwelgt, wenn die Frevel der Mächtigen ihrer Ohnmacht spotten und Menschenfurcht den Arm der Obrigkeit bindet, übernimmt die Schaubühne [in der Tragödie] Schwert und Waage und reißt die Laster vor einen schrecklichen Richterstuhl. Das ganze Reich der Fantasie und Geschichte, Vergangenheit und Zukunft stehen ihrem Wink zu Gebot. Kühne Verbrecher, die längst schon im Staub vermodern, werden durch den allmächtigen Ruf der Dichtkunst jetzt vorgeladen und wiederholen zum schauervollen Unterricht der Nachwelt ein schändliches Leben. Ohnmächtig, gleich den Schatten in einem Hohlspiegel, wandeln die Schrecken ihres Jahrhunderts vor unsern Augen vorbei, und mit wollüstigem Entsetzen verfluchen wir ihr Gedächtnis. [...] Heilsame Schauer werden die Menschheit ergreifen, und in der Stille wird jeder sein gutes Gewissen preisen, wenn *Lady Macbeth* [...] ihre Hände wäscht [...], den hässlichen Mordgeruch zu vertilgen. So gewiss sichtbare Darstellung mächtiger wirkt als toter Buchstabe und kalte Erzählung, so gewiss wirkt die Schaubühne tiefer und dauernder als Moral und Gesetze.

3. ______________________________

____

Aber der Wirkungskreis der Bühne dehnt sich noch weiter aus. [...] Das Glück der Gesellschaft wird eben so sehr durch Torheit als durch Verbrechen und Laster gestört. [...] [Die Schaubühne] ist es, die der großen Klasse von Toren den Spiegel vorhält und die tausendfachen Formen derselben mit heilsamem Spott beschämt. Was sie oben durch Rührung und Schrecken wirkt, leistet sie hier (schneller vielleicht und unfehlbarer) durch Scherz und Satire.

4. ____

Die Schaubühne ist mehr als jede andere öffentliche Anstalt des Staats eine Schule der praktischen Weisheit, ein Wegweiser durch das bürgerliche Leben, ein unfehlbarer Schlüssel zu den geheimsten Zugängen der menschlichen Seele. [...] Mit [...] Lasterhaften und [...] Toren müssen wir leben. Wir müssen ihnen ausweichen oder begegnen; wir müssen sie untergraben oder ihnen unterliegen. Jetzt aber überraschen sie uns nicht mehr. Wir sind auf ihre Anschläge vorbereitet. Die Schaubühne hat uns das Geheimnis verraten, sie ausfindig und unschädlich zu machen. *Sie* zog dem Heuchler die künstliche Maske ab und entdeckte das Netz, womit uns List und Kabale umstrickten. Betrug und Falschheit riss sie aus krummen Labyrinthen hervor und zeigte ihr schreckliches Angesicht dem Tag. [...] Nicht bloß auf Menschen und Menschencharakter, auch auf Schicksale macht uns die Schaubühne aufmerksam und lehrt uns die große Kunst, sie zu ertragen. Im Gewebe unsers Lebens spielen *Zufall* und *Plan* eine gleich große Rolle; den letztern lenken *wir*, dem ersten müssen wir uns blind unterwerfen. [...] Die Schaubühne führt uns eine mannigfaltige Szene menschlicher Leiden vor. Sie zieht uns künstlich in fremde Bedrängnisse und belohnt uns das augenblickliche Leiden mit wollüstigen Tränen und einem herrlichen Zuwachs an Mut und Erfahrung. [...] Aber nicht genug, dass uns die Bühne mit Schicksalen der Menschheit bekannt macht, sie lehrt uns auch gerechter gegen den Unglücklichen sein und nachsichtsvoller über ihn richten. Dann nur, wenn wir die Tiefe seiner Bedrängnisse ausmessen, dürfen wir das Urteil über ihn aussprechen.

5. ____

____

Menschlichkeit und Duldung fangen an, der herrschende Geist unsrer Zeit zu werden; ihre Strahlen sind bis in die Gerichtssäle und noch weiter – in das Herz unsrer Fürsten gedrungen. Wie viel Anteil an diesem göttlichen Werk gehört unsern Bühnen? Sind *sie* es nicht, die den Menschen mit dem Menschen bekannt machten und das geheime Räderwerk aufdeckten, nach welchem er handelt? [...] Hier nur hören die Großen der Welt, was sie nie oder selten hören – Wahrheit; was sie nie oder selten sehen, sehen sie hier – den Menschen. [...] Die Schaubühne ist der gemeinschaftliche Kanal, in welchen von dem denkenden, bessern Teile des Volks das Licht der Weisheit herunterströmt und von da aus in mildern Strahlen durch den ganzen Staat sich verbreitet. Richtigere Begriffe, geläuterte Grundsätze, reinere Gefühle fließen von hier durch alle Adern des Volks; der Nebel der Barbarei, des finstern Aberglaubens verschwindet, die Nacht weicht dem siegenden Licht.

6. ____

____

Die Schaubühne ist die Stiftung, wo sich Vergnügen mit Unterricht, Ruhe mit Anstrengung, Kurzweil mit Bildung gattet, wo keine Kraft der Seele zum Nachteil der andern gespannt, kein Vergnügen auf Unkosten des Ganzen genossen wird. Wenn Gram an dem Herzen nagt, wenn trübe Laune unsere einsamen Stunden vergiftet, wenn uns Welt und Geschäfte anekeln, wenn tausend Lasten unsre Seele drücken und unsre Reizbarkeit unter Arbeiten des Berufs zu ersticken droht, so empfängt uns die Bühne – in dieser künstlichen Welt träumen wir die wirkliche hinweg, wir werden uns selbst wieder gegeben, unsre Empfindung erwacht, heilsame Leidenschaften erschüttern unsre schlummernde Natur und treiben das Blut in frischeren Wallungen. Der Unglückliche weint hier mit fremdem Kummer seinen eignen aus – der Glückliche wird nüchtern und der Sichere besorgt. Der empfindsame Weichling härtet sich zum Manne, der rohe Unmensch fängt hier zum ersten Mal zu empfinden an.

3. Welche Gefühle weckt das Drama „Wilhelm Tell“? Durch welche konkreten Ereignisse erfährt der Zuschauer „heilsame Schauer“, gewinnt er einen „Zuwachs an Mut und Erfahrung“, wird er „zur Nacheiferung angeregt“?

2. HANDLUNG UND FIGUREN

EINFÜHRUNG

Obwohl das Drama Wilhelm Tells Namen trägt, machen die Geschehnisse um seine Person nur einen Teil der Handlung aus. Durch eine Verkettung von Umständen ist Wilhelm Tell – und damit auch seine Familie – persönlich von der Tyrannei des Vogtes Geßler bedroht. Er ist es daher auch, der den Vogt tötet. Doch ganz ohne das Zutun von Wilhelm Tell schließen sich Vertreter der drei Urkantone zusammen, um die Unrechtsherrschaft zu beenden. Alle gesellschaftlichen Stände sind beteiligt, als der Aufstand vorbereitet und schließlich erfolgreich zu Ende geführt wird. Neben der Tell- und der Volkshandlung zieht sich ein dritter Handlungsstrang durch das Drama: die Liebesbeziehung zwischen Rudenz von Attinghausen und Bertha von Bruneck. Zwar gibt es wiederholt Berührungspunkte zwischen den Einzelhandlungen, doch erst am Ende des Dramas werden die drei Handlungsstränge zusammengeführt. Alle Beteiligten sind nun ein „einig Volk von Brüdern".

Der Aufbau dieses Kapitels orientiert sich am chronologischen Fortgang der Handlung und berücksichtigt dabei alle drei Handlungsstränge. Ein chronologisches Vorgehen wird Ihren Schülern das Verständnis des Dramas sicherlich erleichtern. Sollte Ihnen nur wenig Zeit zur Verfügung stehen, können Sie beispielsweise die Bertha-Rudenz-Handlung vernachlässigen.

An geeigneten Stellen werden Zusatzmaterialien angeboten, die Ihren Schülern dabei helfen sollen, das Werk vor seinem historischen Hintergrund zu verstehen. Diese können Sie je nach Vorwissen der Schüler und eingeplanter Unterrichtszeit einsetzen.

Zahlreiche Aufgaben auf den Kopiervorlagen bieten Ihnen die Gelegenheit, die überzeitlichen Aspekte des Dramas herauszuarbeiten und Bezüge zur heutigen Lebenswirklichkeit der Schüler herzustellen. So wird das Drama „Wilhelm Tell" zu einem Stück, das mit heutigen Schülern noch etwas zu tun hat.

Lernziele

- Die Schüler verstehen die Handlung des Dramas vor dem historischen Hintergrund der mittelalterlichen Schweiz.
- Die Schüler erkennen die Zeitlosigkeit der Thematik.
- Die Schüler sind in der Lage, die Handlungsmotivation der einzelnen Figuren nachzuvollziehen, und hinterfragen die im Drama getroffenen Entscheidungen auf Basis ihrer eigenen Lebenserfahrungen.
- Die Schüler erkennen, dass vielerlei Bezüge zwischen ihrem eigenen Leben und dem Drama bestehen.

■ Zu den Kopiervorlagen Seiten 35 / 36: „WILHELM TELL" IN BILDERN HANDLUNGSÜBERSICHT

Die Handlung des Dramas umfasst drei Handlungsstränge, die parallel zueinander verlaufen (Tell-Handlung, Volkshandlung, Bertha-Rudenz-Handlung). Mithilfe der vorliegenden Kopiervorlagen ordnen die Schüler die einzelnen Szenen in die Handlung ein. Sie erstellen eine Übersicht über das Geschehen, die ihnen auch die spätere Arbeit mit der Lektüre erleichtern wird.

Stellen Sie den Schülern die Kopiervorlagen zu Beginn der Lektüre zur Verfügung, sodass die Übersicht lektürebegleitend erstellt werden kann.

Vorbereitungen:
- Kopieren Sie die Handlungsübersicht für alle Schüler auf DIN A3 groß, die Bildkärtchen mit Arbeitsaufträgen werden auf DIN A4 kopiert.
- Anschließend schneiden die Schüler die Handlungsübersicht an den dafür vorgesehenen Linien aus und kleben die beiden Blätter zusammen (nach III,1 und vor III,2), sodass ein langer Papierstreifen entsteht.

Lösung

Aufgabe 1

I,1	I,2	I,3	I,4	II,1

II,2	III,1	III,2	III,3	IV,1

IV,2	IV,3	V,1	V,2	V,3

Aufgabe 2

I,1: Rettung Baumgartens durch Tell / Reiter rächen sich an Hirten und Fischern – I,2: Gertrud spricht mit Stauffacher – I,3: Stauffacher und Tell beim Bau der Feste Zwing Uri / Aufstellen des Hutes – I,4: Beschluss des Treffens auf dem Rütli / Blendung des alten Melchthal – II,1: Streit Attinghausen und Rudenz – II,2: Treffen auf dem Rütli – III,1: Aufbruch nach Altdorf – III,2: Liebesgeständnis Bertha und Rudenz / Aufforderung an Rudenz, sich gegen die Habsburger zu stellen – III,3: Tell grüßt den Hut nicht / Apfelschuss – IV,1: Tell flieht – IV,2:

Attinghausen stirbt – IV,3: Tell erschießt Geßler – V,1: Burgen gestürmt / Bertha gerettet / Kaiser ermordet – V,2: Tell schickt Parricida nach Rom – V,3: Freudenfest

Aufgabe 3
Erster Aufzug: Die zunehmende Unterdrückung des Volkes führt zu dem Beschluss der drei Waldstätten Schwyz, Uri und Unterwalden, sich gegen die Habsburger zu verbünden. – Zweiter Aufzug: Während der Adel sich über die Zukunft des Landes uneinig ist, treffen sich die Vertreter des Volkes auf dem Rütli und beschließen im Bund die Vertreibung der Habsburger. – Dritter Aufzug: Während Bertha Rudenz für die eidgenössische Sache gewinnt, wird Tell nach dem Apfelschuss festgenommen. – Vierter Aufzug: Nach seiner Flucht tötet Tell Geßler. – Fünfter Aufzug: Das Volk feiert den Triumph, nachdem die Burgen gestürmt sind und Tell Parricida nach Rom geschickt hat.

Zur Kopiervorlage Seite 37: DIE MITTELALTERLICHE STÄNDEGESELLSCHAFT

Auch wenn die Epoche des Mittelalters im Geschichtsunterricht bereits behandelt wurde, sollte die Gliederung der mittelalterlichen Ständegesellschaft zu Beginn der Lektüre noch einmal wiederholt werden. Dies erleichtert den Schülern das Verständnis des Konflikts zwischen Vogt und Volk.

i

Das Prinzip des mittelalterlichen Lehns- und Feudalwesens
König: (Im Drama: Albrecht I.) Da er nicht überall in seinem Gebiet gleichzeitig sein kann, braucht er Ministeriale bzw. Beamte (i. d. R. Angehörige des Adels), die für ihn arbeiten (z. B. Vögte). Der König teilt dem Vogt ein Stück Land zu, für das dieser nun zuständig ist. Der König ist der oberste Lehnsherr.
Vogt: (Im Drama: Geßler – Landvogt von Uri und Schwyz; Wolfenschießen – Landvogt von Unterwalden) Er regiert im Auftrag des Königs in einem bestimmten Gebiet, übernimmt Verwaltungsaufgaben, legt Steuern fest, zieht diese ein, hält Gericht und ahndet Vergehen. Vögte bewohnen meist Burgen innerhalb ihres Gebietes. Sie bekommen Abgaben von den unfreien Bauern, haben im Gegenzug, z. B. im Kriegsfall, eine Schutzfunktion.
Freie Bauern: Sie haben vom König ein Lehen erhalten, ein mehr oder weniger großes Stück Land. Sie sind von Frondiensten befreit, müssen aber Abgaben an den König zahlen und im Falle eines Krieges Waffendienste leisten.
Unfreie Bauern: Auch als Hörige oder Leibeigene bezeichnet. Sie sind abhängig vom Grundherrn (Vogt), die Hörigkeit wird an die Kinder vererbt. Sie können keinen Grundbesitz erwerben, bearbeiteten das Land des Grundherrn und sind zu Abgaben und Frondiensten verpflichtet.

Anhand des Holzschnitts „Christus und Drei Stände“ von 1492 erarbeiten die Schüler die Drei-Stände-Ordnung des Mittelalters, das kirchliche Prinzip der „Ordo“. Verdeutlichen Sie den Schülern, dass es sich dabei um ein idealtypisches Schema handelt, die Realität häufig jedoch anders aussah. Das mittelalterliche Ständeprinzip sah ein Geben und Nehmen vor: Der Klerus betete und sorgte für das Seelenheil („tu supplex ora“: Du, bete demütig!), Adel und Kaiser verteidigten Klerus und Bauern vor Feinden („tu protege“: Du, schütze!). Im Gegenzug arbeitete das Volk für die höheren Stände und versorgte diese mit alltäglichen Gütern („tuque labora“: Und du, arbeite!).

Im Drama „Wilhelm Tell“ hingegen erkennt der neue König die Rechte der Schweizer nicht an. Sie werden von den Vögten, den Stellvertretern des Königs, unterdrückt und misshandelt und leiten daraus ihr Recht zum Aufstand ab. Sie wollen die alte Ordnung wiederherstellen („Die alten Rechte, wie wir sie ererbt / Von unsern Vätern, wollen wir bewahren“, V. 1354 f.). (Siehe auch KV „Die Gründung der Schweiz“, S. 38 und KV „Der Rütlischwur“, S. 45 / 46.)

Möglicher Einstieg

Da das Figurenregister in „Wilhelm Tell“ sehr lang ist, erscheint es Schülern anfangs häufig unübersichtlich. Aus dem Register der auftretenden Personen geht jedoch bereits deutlich hervor, dass im Drama Figuren verschiedener Stände auftreten. Um es den Schülern zu erleichtern, einen Überblick über die handelnden Personen zu gewinnen, ist es sinnvoll, das Figurenregister zunächst nach Ständen zu gruppieren. Im Zuge dessen kann ein erster Einblick in das Ständesystem des Mittelalters gegeben werden.

Präsentieren Sie das Figurenregister auf Overheadfolie, um die Aufmerksamkeit Ihrer Schüler zu fokussieren. Einführende Fragen können beispielsweise sein: Welche Informationen kann man dem Figurenregister entnehmen? Wonach ist es geordnet? Welche Konflikte könnten zwischen den aufgelisteten Figuren entstehen (Machthaber gegen einfache Leute, Konflikte zwischen den Kantonen, Intrigen unter Frauen o. Ä.)?

Machen Sie den Schülern deutlich, dass die Reihenfolge der Auflistung nichts über die Bedeutung der Personen im Drama aussagt. Die Figuren Tell, Stauffacher und Rudenz treten beispielsweise relativ häufig auf, werden im Personenregister jedoch nicht gemeinsam aufgelistet. Um den Einstieg in die Lektüre zu erleichtern, können die Schüler zudem notieren, welche Figuren einer Familie angehören.

Lösung

Aufgabe 1
a) Personen: Christus, Klerus, Adel, Bauern – b) Anordnung der Figuren: Die Figuren sind hierarchisch angeordnet. Christus thront über den übrigen Personen und segnet sie. Die Ständeordnung ist gottgewollt, die Ständezugehörigkeit ist von Geburt an festgelegt. Klerus und Adel stehen gleichberechtigt nebeneinander und deutlich über den Bauern. – c) Aufgaben der Stände: Der Klerus betete, war zuständig für das Seelen-

heil und verbreitete die christliche Lehre. Der Adel schützte Klerus und Volk vor den Feinden. Die Aufgabe der Bauern war es, zu arbeiten.

Aufgabe 2
Nur ein geringer Teil der Bevölkerung gehörte dem Adel an, den größten Teil machten die Bauern aus.
Hochadel: König Rudolf von Habsburg, Herzog Johannes Parricida – Ministeriale: Reichsvogt Herrmann Geßler, Freiherr von Attinghausen (eigentlich niederer Adel; dieser wird im dargestellten System jedoch nicht berücksichtigt, weshalb die Personen den Ministerialen zugeordnet wurden) – Freibauern: Werner Stauffacher – niedere Geistlichkeit: Pfarrer Rösselmann – bäuerliche Bevölkerung: Fischer Ruodi, Jäger Werni, Hirte Kuoni, Jäger Wilhelm Tell

Weiterführende Anregungen

- Je nach Lerngruppe kann die Thematik weiter vertieft werden. Folgende Arbeitsaufträge sind in diesem Zusammenhang sinnvoll: Lassen Sie die Schüler ein Schaubild zeichnen, das die Beziehungen der folgenden Stände zueinander verdeutlicht: König, Vogt, freie Bauern, unfreie Bauern. Dabei werden Rechte und Pflichten der einzelnen Stände auf den jeweiligen Pfeilen notiert. Fragen Sie die Schüler, ob sie Länder kennen, in denen es noch heute eine feste Standeshierarchie gibt.
- Weder auf dem Holzschnitt noch in der Ständezwiebel werden Frauen berücksichtigt. Mithilfe des Internets oder des Geschichtsbuchs suchen die Schüler nach Informationen zur Rolle der Frau im Mittelalter. Weiterführend können Sie eine Diskussion zum Thema „Gleichberechtigung" anstoßen (siehe auch KV „Frauenfiguren in ‚Wilhelm Tell'", Seite 52).
- Auch folgende Fragen können diskutiert werden: Wovon hängt es heute bei uns in Deutschland ab, welche Stellung der Einzelne in der Gesellschaft einnimmt? Gibt es heute bei uns noch Stände?

Zur Kopiervorlage Seite 38: DIE GRÜNDUNG DER SCHWEIZ

Die Kopiervorlage bietet den Schülern einen Einblick in die geschichtlichen Hintergründe des Dramenstoffes. Der Inhalt des Dramas muss hierfür nicht bekannt sein.

Möglicher Einstieg
Schreiben Sie in Großbuchstaben „SCHWEIZ" an die Tafel oder ans Whiteboard. Fragen Sie die Schüler zunächst, was ihnen zu diesem Begriff einfällt. Die genannten Antworten werden in Form einer Mindmap gesammelt. Wörter wie „Käse", „Berge", „Skifahren", „Banken", „Bankgeheimnis", „Uhren", „Tourismus", „reich" oder „Taschenmesser" werden sicherlich fallen. Aber auch Begriffe wie „Unabhängigkeit" und „neutral" sind in höheren Klassen zu erwarten. Die politische Neutralität der Schweiz wurde 1815 beim Wiener Kongress anerkannt und gilt bis heute. Die Schweiz ist weder Mitglied der EU noch der NATO.

Lösung
Aufgabe 1
1032: Das Königreich Burgund, zu dem auch die späteren Kantone Uri, Schwyz und Unterwalden zählen, wird in das Heilige Römische Reich Deutscher Nation eingegliedert. – 1218: Friedrich II. verleiht den Habsburgern die hoheitlichen Rechte über das Gebiet der Waldstätten. – 1231: Die Waldstätte Uri erhält die „Reichsunmittelbarkeit". Friedrich II. garantiert in einem Freiheitsbrief, dass das Gebiet fortan ausschließlich dem Kaiser unterstellt ist. Uri ist zu Zinszahlungen verpflichtet, verwaltet sich ansonsten aber selbst. Damit ist es aus dem Besitz der Habsburger herausgelöst. – 1240: Schwyz erhält für geleistete Waffendienste vom Kaiser ebenfalls einen Freiheitsbrief. – 1273: Rudolf von Habsburg wird König. (Die Habsburger sind bestrebt, die eigene Macht zu vergrößern. Aufgrund der verkehrspolitischen Schlüsselstellung und der Einnahmen durch die Zölle für den Gotthardpass sind die Waldstätten von strategisch wichtiger Bedeutung. Die Habsburger haben kein Interesse mehr daran, die Freiheitsbriefe von Uri und Schwyz zu garantieren.) Rudolf von Habsburg setzt Reichsvögte ein, um sein Land effektiver zu verwalten. Die Vögte haben aber auch die Funktion der obersten Richter inne. (Viele Vögte, die meist dem niederen und damit auch ärmeren Adel entstammten, nutzen diese machtvolle Position, um sich persönlich zu bereichern.) – 1274: Rudolf von Habsburg bestätigt den Urnern den Freiheitsbrief von 1231. – 1291: Rudolf von Habsburg bestätigt den Schwyzern den Freiheitsbrief von 1240. König Rudolf von Habsburg stirbt. – 1291: Adolf von Nassau wird König. Uri, Schwyz und Unterwalden beschließen, Freiheit und Reichsunmittelbarkeit zu erhalten und den Frieden mit einem Landfriedensbündnis zu bewahren. In der Urkunde berufen sich die drei Waldstätten auf einen in früherer Zeit geschlossenen Bund. Diese noch erhaltene Urkunde, der Bundesbrief, gilt heute als Gründungsurkunde der Schweiz.

Aufgabe 2
Vorteile: effektivere Verwaltung, Frieden und Sicherheit des Volkes können besser gewährleistet werden. – Gefahr: Die Vögte versuchen, sich persönlich zu bereichern, und beuten das Volk aus.

Weiterführende Anregungen

- Als Schiller das Drama verfasste, waren einige Ereignisse, die damals als historisch galten, nur durch mündliche Überlieferung bekannt (siehe KV „Die Entstehung des Werkes", S. 12 / 13). Diese sind jedoch aus heutiger Sicht historisch nicht belegbar. Weder weiß man, ob Wilhelm Tell tatsächlich gelebt hat, noch kann wissenschaftlich nachgewiesen werden, dass der Rütlischwur in der überlieferten Art und

Weise stattgefunden hat. Als schriftliches Zeugnis gibt es jedoch einen Bundesbrief von 1291, der Ähnlichkeiten mit dem auf dem Rütli geschlossenen Bund aufweist. Bei der Erstellung seines Dramas ging Schiller also nicht davon aus, dass der Rütlischwur 1291 stattgefunden hatte, sondern er berief sich auf die Zahlen, die er bei Tschudi gefunden hatte: Bis Ende des 19. Jahrhunderts datierte man den Rütlischwur auf das Jahr 1307. Entsprechend regiert im Drama zur Zeit des Schwurs nicht Adolf von Nassau, sondern Albrecht I. von Österreich, der die alten Rechte der Schweizer nicht respektierte und die Freiheitsbriefe nicht anerkannte. Weitere Informationen zum Rütlischwur finden Sie im Infokasten auf S. 28.

- Erörtern Sie im Klassengespräch die Frage, weshalb die Schweiz, ein kleiner Staat mitten in Europa, so viel Wert auf Neutralität und Unabhängigkeit legt. Dabei sollte herausgearbeitet werden, dass dieses Streben nach Unabhängigkeit historisch begründet ist: Die Schweiz löste sich bereits 1499 vom Heiligen Römischen Reich Deutscher Nation, Bemühungen um Unabhängigkeit gab es sogar schon früher.

Zur Kopiervorlage Seite 39: DER HANDLUNGSORT

Natürlich lässt sich die Handlung des Dramas „Wilhelm Tell" in andere Kontexte übertragen (z. B. in ein anderes Land, in dem das Volk von Machthabern unterdrückt wird), doch zunächst gilt es, den Schülern das Werk im von Schiller vorgesehenen Kontext nahezubringen. Das Drama spielt an insgesamt 13 verschiedenen Orten, was leicht verwirren kann. Dem wirkt diese Kopiervorlage entgegen. Es wird ein Eindruck von der Landschaft des Vierwaldstätter Sees vermittelt und die Haupthandlungsorte Altdorf, Bürglen, Attinghausen, Steinen, Rütli und die Hohle Gasse werden auf der Karte verortet. Die weiteren Aufgaben ermöglichen einen produktionsorientierten Zugang zur Landschaft: Indem die Schüler die Regieanweisungen bildlich darstellen und die handelnden Figuren in die Landschaft einordnen, schlüpfen sie in die Rolle des Regisseurs und gewinnen einen ersten Einblick in die Bühnenarbeit. Der Vergleich mit dem Ergebnis des Nachbarn macht deutlich, dass ein Drama je nach Regisseur sehr unterschiedlich inszeniert werden kann.

Weiterführende Anregung

So wie der Regisseur auf der Bühne verschiedene Mittel einsetzt, um Atmosphäre zu schaffen oder etwas Bestimmtes zum Ausdruck zu bringen, bedient sich die Literatur der Natur und ihrer Stimmungen, um die äußere Handlung widerzuspiegeln und einen Sachverhalt zu untermalen. Gleich zu Beginn setzt Schiller diese Mittel mehr als wirkungsvoll ein (V. 1–36): Die friedvolle, strahlende, ruhige Natur entspricht dem zunächst (im Urzustand) idyllischen und friedlichen Leben der ländlichen Bevölkerung. Plötzlich jedoch schlägt das Wetter um. Große Regenwolken sind zu sehen, Donner ist zu hören, Sturm kündigt sich an.

Lassen Sie die Schüler zunächst das ruhige Wetter von Vers 1 bis 36 beschreiben. Fragen Sie die Schüler, inwiefern die Natur als Spiegel der Handlung eingesetzt wird. Betrachten Sie nun den Wetterumschwung genauer. Indem die Schüler über eine mögliche Wendung des Geschehens spekulieren, wird eine Erwartungshaltung aufgebaut. Überlegen Sie gemeinsam, wie die Handlung nun weitergehen könnte.

Zur Kopiervorlage Seite 40: BAUMGARTENS RETTUNG

Baumgartens Rettung stellt eine Schlüsselstelle des Dramas dar: Hier tritt Wilhelm Tell das erste Mal auf und geht das erste Mal aktiv gegen ein politisch motiviertes Unrecht vor.

Auf dieser Kopiervorlage werden die zentralen Figuren der Szene näher beleuchtet. Die Schüler untersuchen und bewerten die Beweggründe der einzelnen Figuren. Baumgartens Handeln ist wahrscheinlich für alle nachvollziehbar. Auf Unverständnis trifft wohl eher die Tat des Vogtes. Lassen Sie die Schüler darüber diskutieren, ob Ruodi eher feige oder vernünftig handelt. Wird Ruodis Verhalten in der Klasse eher positiv oder negativ bewertet? Welche Charaktereigenschaften treffen am ehesten auf Tell zu: Ist er mutig, eigensinnig, wissbegierig, spontan?

Möglicher Einstieg

Um eine aktive Auseinandersetzung mit dem Dramentext zu fördern, bietet es sich an, die Szene zunächst mithilfe der Methode „Szenisches Lesen" zu erarbeiten. Das Verständnis der altertümlich anmutenden Sprache und der Versform wird somit erleichtert und einer möglichen Abwehrhaltung der Schüler wird entgegengewirkt. Den Schülern wird bewusst, dass ein Drama für die Aufführung auf der Bühne geschrieben ist.

Schreiben Sie zunächst ohne weitere Erklärung den Satz „Ich liebe dich!" an die Tafel oder ans Whiteboard. Fragen Sie die Schüler, worum es sich bei diesem Satz handelt: Um eine Aussage? Um einen Vorwurf? Klingt der Satz wütend oder traurig? Überlegen Sie gemeinsam, wovon dieser Eindruck abhängt (Kontext, Sprechtempo, Lautstärke, Gestik, Mimik). Anschließend wird der Satz so lange in Kleingruppen geübt, bis er sich verliebt, wütend, traurig, aufgeregt anhört. Auch auf Mimik und Gestik sollte dabei geachtet werden. Einige Arbeitsergebnisse werden vor der Klasse vorgetragen und diskutiert. Dabei ist auf eine positive Wertung des Gehörten zu achten: Wer hat besonders überzeugend gesprochen? Weshalb? Negative Äußerungen sollten vermieden werden, da die Schüler die Scheu vor dem Text und einem aktiven Umgang mit diesem verlieren sollen. Das gleiche Vorgehen kann mit dem Satz „Die Ampel ist grün." wiederholt werden. Am Ende wird ein Fazit gezogen: Beim Vortrag eines Dramentextes muss der Kontext unbedingt miteinbezogen werden. Auch die Art und

Weise, wie ein Text gesprochen wird, ist von besonderer Bedeutung.

i

Szenisches Lesen
Da ein Drama für die Aufführung auf der Bühne gedacht ist, ist es in Dialogform geschrieben: Die handelnden Figuren sprechen miteinander in direkter Rede. Die Rollen, die der Autor für das Stück vorgesehen hat, werden vom Regisseur an verschiedene Schauspieler verteilt. Damit das Sprechen des Textes später für die Zuschauer natürlich wirkt, muss sich jeder Schauspieler mit seiner Rolle vertraut machen und sich in die Figur hineinversetzen.
Dabei stellt er sich folgende Fragen:
- Welche Figur stelle ich dar? (Gehöre ich dem Adel an, bin ich ein einfacher Bauer?)
- Welche Figuren sind noch am Dialog beteiligt? (Adelige reden mit ihresgleichen anders als mit Untergebenen, ein Bauer spricht anders mit Bauersleuten als mit einem Vogt.)
- In welcher Stimmung befindet sich die Figur? (Ist sie fröhlich, traurig, wütend, müde, gelangweilt?)
- Welche Absicht verfolgt die Figur mit dem Text? (Möchte sie jemanden sachlich informieren, verteidigt sie sich, beschimpft sie jemanden, macht sie sich lächerlich?)

Kopieren Sie den Infokasten für Ihre Schüler. Lassen Sie anschließend die erste Szene des ersten Aufzugs in Kleingruppen erarbeiten und szenisch vortragen.

Sie können die Szene dazu in folgende fünf Abschnitte unterteilen:
1. V. 37–V. 66 (4 Rollen)
2. V. 67–V. 100 (4 Rollen)
3. V. 101–V. 127 (4 Rollen)
4. V. 128–V. 171 (8 Rollen)
5. V. 172–V. 183 (6 Rollen)

Geben Sie folgende Arbeitsanweisungen:
a) Bildet Kleingruppen. Jeder von euch liest sich den Abschnitt zunächst still durch. Entscheidet euch anschließend für eine Rolle.
b) Jeder macht sich in Einzelarbeit mit seiner Rolle vertraut. Orientiert euch dabei am Infotext. Notiert eure Gefühlslage und eure Aussageabsicht am Textrand. Macht euch Notizen zu Lautstärke und Betonung.
c) Übt nun in eurer Kleingruppe das szenische Sprechen. Diskutiert, ob jeder eine angemessene Sprechweise gefunden hat. Tragt den Text anschließend der Klasse vor.

Lösung
Weshalb ist Baumgarten in Gefahr? Baumgarten hat den Mann erschlagen, der seine Frau bedrängt hat. – Wie beurteilst du Baumgartens Tat? Laut BGB § 227 (2) handelt es sich um Notwehr: „Notwehr ist die Verteidigung, die erforderlich ist, um einen gegenwärtigen rechtswidrigen Angriff von sich oder einem anderen abzuwenden.“ – Weshalb ist Ruodi nicht bereit, Baumgarten zu helfen? Ruodi, der sich als Gatte und Vater für seine Familie verantwortlich fühlt, hält die Überfahrt wegen des Unwetters für lebensgefährlich. – Weshalb wagt Tell die Rettung Baumgartens trotz des Unwetters? Tells Argumente, mit denen er Ruodi zur Überfahrt bewegen will („Der brave Mann denkt an sich selbst zuletzt, / Vertrau auf Gott und rette den Bedrängten“, V. 139 f.) gelten auch für ihn selbst. Er beherzigt seine eigenen Ratschläge.

Weiterführende Anregung
1897 malte Ferdinand Hodler das Bild „Wilhelm Tell“ (z. B. zu finden unter *https://www.sikart.ch/Werke.aspx?id=6008860*). Zeigen Sie den Schülern das Gemälde mithilfe eines PCs oder am Overheadprojektor und diskutieren sie mit ihnen, wie der Mann auf den Betrachter wirkt. Lassen Sie die Schüler Körperbau, Kleidung, Gestik und Mimik untersuchen und fordern Sie sie dazu auf, sich zu überlegen, wie der Hintergrund die Wirkung des Gemäldes beeinflusst. Besprechen Sie mit den Schülern, wie dieses Gemälde zum Auftritt Tells im ersten Akt passt.

Ferdinand Hodler hat als Schweizer einen Tell gemalt, wie ihn die Schweizer verehren: stark, furchtlos, der Retter des Landes. Die theatralische Gestik und Mimik passt nicht zum Auftritt in I,1. Hier muss Tell zu seiner Tat überredet werden. Das Bild ist jedoch eine mögliche Antwort auf den letzten Vers der Szene: „Wann wird der Retter kommen diesem Lande?“

Zur Kopiervorlage Seite 41: DIE GEWALTHERRSCHAFT DER VÖGTE

Vor der Bearbeitung dieser Kopiervorlage sollte den Schülern der Inhalt des ersten Aufzugs bekannt sein. Thema sind die Beweggründe der Bevölkerung für den politischen Widerstand gegen die Gewaltherrschaft der Vögte. Die Kopiervorlage bezieht sich somit nur auf einen der Handlungsstränge, die Tell-Handlung bleibt zunächst ausgeklammert.

Indem die Schüler das Schaubild vervollständigen, führen sie sich nochmals die Unrechtstaten der Vögte vor Augen. Diese sind der Auslöser für den Beschluss von Melchthal, Stauffacher und Walther Fürst in Szene I,4, trotz der drohenden Gefahr – wie sie in dem Gespräch zwischen Stauffacher und seiner Frau in Szene I,2 dargestellt wird – einen Widerstand gegen die Tyrannei der Vögte zu organisieren. In der dritten Aufgabe setzen sich die Schüler mit den Taten Baumgartens und Melchthals und der Frage nach deren Rechtmäßigkeit auseinander.

Lösung
Aufgabe 1
I,1: beabsichtigte Vergewaltigung von Baumgartens Frau (Sexuelle Belästigung) – I,1: Bestrafung von Unschuldigen: Zer-

störung von Besitz (Tötung der Herde) – I,2: Bedrohung des persönlichen Besitzes von Stauffacher (Aberkennen der Rechte Stauffachers) – I,3: harte Fronarbeit (Bau der Feste) – I,3: Zwang zum Verbeugen (Aufstellen des Hutes) – I,4: unrechtmäßige Aneignung von fremdem Besitz (Diebstahl des Ochsenkarrens) – I,4: Bestrafung von Unschuldigen (Blendung des alten Melchthal)

Aufgabe 2

Privatleben	Berufsleben	Politisches Leben
Sexuelle Belästigung		
Tötung der Herde	Tötung der Herde	
Blendung des alten Melchthal		
Aberkennen der Rechte Stauffachers	Aberkennen der Rechte Stauffachers	
Diebstahl des Ochsenkarrens	Diebstahl des Ochsenkarrens	
		Aufstellen des Hutes
		Bau der Feste

Aufgabe 3
Baumgarten tötet den Vogt Wolfenschießen, Melchthal bricht dem Knecht des Vogtes die Finger. Die Gewaltherrschaft der Vögte ist zweifellos zu verurteilen, die Wut der beiden Männer sowie der Drang, etwas gegen das geschehene Unrecht zu unternehmen, durchaus nachvollziehbar. Rechtens sind beide Reaktionen jedoch nicht. Melchthal und Baumgarten hätten sich stattdessen bei einem höheren Richter Gehör verschaffen können. Da die Vögte jedoch auch das Richteramt bekleideten, sahen die beiden Männer keine Möglichkeit, sich auf legalem Wege gegen das Unrecht zur Wehr zu setzen.

Weiterführende Anregungen

- Weiterführend kann folgende Frage gestellt werden: Das Volk kommt zu dem Schluss, dass der einzige Ausweg aus der Tyrannei der Volksaufstand ist. Welche Möglichkeiten haben wir heute, uns gegen Unrecht zur Wehr zu setzen? An wen können wir uns wenden?
- I,1 Kaiser – Vogt Geßler:
  Die Schüler versetzen sich in die Lage des Vogtes Geßler, der nach den Übergriffen folgendes Schreiben des Kaisers erhält: „Mich erreichte die Kunde vom Zwischenfall mit dem Bauern Baumgarten. Berichten Sie mir bitte von Ihren Erfahrungen mit den Bewohnern der Waldstätten. Ist es tatsächlich nötig, Gewalt gegen die Landbevölkerung anzuwenden?"
  Bei der Beurteilung der Antworten sollte berücksichtigt werden, wie sehr sich die Schüler in den Vogt hineinversetzt haben. Geßler wird in seinem Antwortschreiben versuchen, die Gewalttaten zu beschönigen bzw. diese als notwendig zu begründen. Diese Aufgabe eignet sich auch als Vorbereitung auf die Klassenarbeit „Gestaltendes Erschließen eines literarischen Textes" (siehe S. 67).
- I,2 Stauffacher – Gertrud:
  Was rät Gertrud ihrem Mann? Weshalb? Suche die entsprechenden Textstellen heraus. Gib den Inhalt in eigenen Worten wieder. – Gertrud rät ihrem Mann, sich mit Gleichgesinnten zusammenzuschließen und politischen Widerstand zu organisieren. Das Verhalten der Vögte könne nicht länger erduldet werden (V. 286 ff., 316 f.).
  Was meint Gertrud mit den Worten „Ein Sprung von dieser Brücke macht mich frei" (V. 329)? – Sollte es nötig sein, würde sie den Freitod wählen.
  Gertrud unterhält sich mit ihrer engsten Vertrauten, ihrer Schwester. Sie sorgt sich über den Gemütszustand ihres Mannes und beschreibt, was sie sich für die Zukunft wünscht. Verfasst diesen Dialog in Partnerarbeit.
- I,3 Bau der Burg Zwing Uri:
  Der Bau der Burg ist ein Symbol für die Unterdrückung der Bevölkerung. Es bietet sich an, Szene I,3 in Form von Standbildern zu erarbeiten. Die Schüler bilden Fünfergruppen. Zunächst wird das Verhältnis Vogt – Arbeiter, wie in I,3 beschrieben, dargestellt. Anschließend verdeutlichen die Schüler, wie sich die Arbeiter die Situation wünschen. Dazu wird jeweils ein Gruppenleiter bestimmt. Er formt die Gruppenteilnehmer (hier: 1 Vogt, 3 Arbeiter) ohne Worte. Die Gruppenmitglieder nehmen die gewünschte Haltung ein. Wichtig ist dabei die Stellung der Personen zueinander sowie deren Mimik und Gestik. Die übrigen Gruppenteilnehmer dürfen Verbesserungsvorschläge machen. Bei der Besprechung der Standbilder ist auf eine positive Bewertung der Arbeitsergebnisse zu achten. Diskutieren Sie in der Klasse, welches Standbild besonders gut gelungen und besonders ausdrucksstark ist. Mit welchen Mitteln hat die Gruppe dies erreicht? Anschließend können folgende Fragen erörtert werden: Weshalb verhält sich der Vogt so? Weshalb verhält sich der Arbeiter nicht so, wie er es sich eigentlich wünscht?
- I,4 Melchthal, Walther Fürst, Stauffacher:
  Da es sich hier um eine besonders gefühlsintensive Szene handelt, bietet es sich an, diese mit verteilten Rollen zu lesen. Vorab sollte der Text in Abschnitte unterteilt werden (z. B. V. 458–506, V. 507–578, V. 579–654, V. 655–751).

Zur Kopiervorlage Seite 42: „WILHELM TELL" IN ZITATEN

Viele Zitate aus dem Drama „Wilhelm Tell" sind zu geflügelten Worten geworden, die auch außerhalb des Dramenkontextes Verwendung finden. Indem Sie den Schülern einige dieser Zitate nahebringen, erweitern Sie deren Sprachschatz. Daneben werden auf dieser Kopiervorlage zwei Aufsatztypen erarbeitet, die als Klassenarbeitsthema in der Mittelstufe geeignet sind: Die Charakterisierung und die persönliche Stellungnahme (siehe S. 67). Bis auf eine Ausnahme handelt es sich bei den dargestellten Zitaten um Aussagen von Wilhelm Tell, sodass sich anhand der Zitate die Hauptfigur des Dramas charakterisieren lässt. Um das Verfassen einer Charakterisierung zu üben, sollte zunächst nur der Charakter Tells bis zur vierten Szene des ersten Aufzugs berücksichtigt werden. Mit der Apfelschuss-Szene ändert sich Tells Einstellung. Bei höheren Klassen kann auch das gesamte Drama einbezogen werden, die Aufgabe ist dann jedoch deutlich anspruchsvoller. Falls das richtige Zitieren in der Klassenarbeit geprüft wird, bietet es sich an, an dieser Stelle die Zitiertechnik zu wiederholen.

Lösung

Aufgabe 1

a) (5) ist eine Aussage Stauffachers. – b) (1) stammt aus I,1, als Baumgarten um Rettung fleht; die übrigen Aussagen stammen aus I,3, als Stauffacher versucht, Tell für ein gemeinsames Vorgehen gegen die Vögte zu gewinnen. – c) „Der Starke ist am mächtigsten a l l e i n." (V. 437): Tell verweigert die Zusammenarbeit bei der Organisation des politischen Widerstandes.

Aufgabe 2

(1) selbstlos und hilfsbereit, hat feste Moralvorstellungen – (2) kein Mann der Worte, ein Mann der Tat – (3) friedlich, naiv, schätzt die politische Situation falsch ein, positiv denkend – (4) Einzelgänger – (6) Einzelgänger, der um seine Stärke weiß – (7) Mann der Tat, viel beschäftigt

Weiterführende Anregungen

- Folgende Anschrift an der Tafel oder am Whiteboard bietet sich an, um zur Klassenarbeit „Freie Erörterung anhand eines Zitats" (siehe S. 67) hinzuführen.

Die Stellungnahme
Vorgehensweise
1. Behauptung gründlich lesen und verstehen
2. Die eigene Meinung formulieren
   Man kann ...
   a) der gleichen Meinung sein.
   b) anderer Meinung sein.
   c) teilweise der gleichen Meinung sein.
3. Die eigene Meinung begründen, Argumente finden, nach Beispielen suchen

- Falls eine zusammenhängende Ausformulierung der Stellungnahme geübt werden soll, sollte auch der Aufbau besprochen werden. Folgende Anschrift ist hier sinnvoll:

Die Stellungnahme
Aufbau

Einleitung:	Einordnen des Zitats in die Handlung, Handlung kurz zusammenfassen
Hauptteil:	Argumente und Beispiele anführen (dabei von schwächerem zu stärkerem Argument steigern)
Schluss:	eigene Meinung nochmals zusammenfassen

- Aufgabe 4 eignet sich auch als Partnerarbeit und kann etwas ausführlicher in Tabellenform erledigt werden.
  Beispiel: „Verbunden werden auch die Schwachen mächtig." (V. 436)

i

Richtig zitieren

Ein Zitat ist die wörtliche Übernahme einer Passage aus einem fremden Text. Mithilfe des Zitats können eigene Aussagen belegt oder veranschaulicht werden.

1. Anfang und Ende des Zitats müssen durch Anführungszeichen deutlich hervorgehoben sein.

2. Wird ein Zitat nur in Teilen übernommen, müssen die ausgelassenen Textstellen durch Auslassungspunkte in Doppelklammern gekennzeichnet werden: „Der Landenberger büßte seinen Sohn / Um kleinen Fehlers willen, ließ die Ochsen, / [...] ihm aus dem Pfluge spannen, [...]" (V. 565 f.).

Auch Eingriffe in den Text werden durch eckige Klammern gekennzeichnet: Tell entscheidet sich dazu, Baumgarten zu retten, zumindest will er es „mit [s]einer schwachen Kraft versuchen" (V. 152).

3. Im Anschluss an das Zitat folgt der Textstellenbeleg, wenn möglich mit Seiten- / Zeilen- oder Versangabe (S. 22, Z. 3 – 7 oder V. 7 oder V. 13 f.).

4. Neben dem wörtlichen Zitat gibt es verschiedene Formen des indirekten Zitats:

a) Kennzeichnung der Fremdaussage durch die Verwendung des Konjunktivs, z. B.: Tell ist der Meinung, es sei besser, Gott in die Hände zu fallen als den Menschen (vgl. V. 157 f.).

b) Zusammenfassung der Fremdaussage mit eigenen Worten unter Verweis auf den Urheber, z. B.: Baumgarten sieht in Tell seinen rettenden Engel (vgl. V. 154).

c) Zusammenfassung einer Textstelle mit eigenen Worten unter Verweis auf den Fremdtext, z. B.: Die Episode, in der Tell sich entscheidet, Baumgarten vor den Schächern zu retten, verdeutlicht Tells ausgeprägten Gerechtigkeitssinn (V. 127 – 160).

Aus stilistischen Gründen ist darauf zu achten, dass die eigene Aussage sich nicht mit dem Zitat deckt.

Am besten ist es, wenn man verschiedene Formen des Zitats abwechselnd verwendet und die Zitate möglichst nahtlos in seinen eigenen Text einfügt.

Beispiel: Bereits Tells erster Auftritt (V. 127 – 160) zeigt dessen Sinn für Gerechtigkeit. „Mit [s]einer schwachen Kraft" (V. 152) will er versuchen, Baumgarten zu retten. Er ist sich der Gefahren durchaus bewusst, weiß aber, dass er auf Gott vertrauen kann und deshalb nichts zu befürchten hat. Er ist der Meinung, es sei besser, Gott in die Hände zu fallen als den Menschen (vgl. V. 157 f.).

	Pro	Kontra
Argumente	... weil man dann zu mehreren ist und gemeinsam mehr ausrichten kann	
Beispiele	... wenn es eine Person in der Klasse gibt, die einen schwächeren Schüler ärgert	

- I,3 kann als Ausgangspunkt für kreatives Schreiben genutzt werden: Der Versuch, Wilhelm Tell für die gemeinsame Aktion zu gewinnen, und Tells Absage lassen Stauffacher den Rest des Tages nicht mehr los. Abends spricht er mit seiner Frau Gertrud darüber. Die Schüler verfassen diesen Dialog.
- Im Verlauf der Lektüre begegnen den Schülern zahlreiche Zitate, die zu geflügelten Worten geworden sind (z. B. „Früh übt sich, was ein Meister werden will.", V. 1481; „Die Axt im Haus erspart den Zimmermann.", V. 1514). Die Schüler legen eine Sammlung „Zitate aus dem Drama ‚Wilhelm Tell'" an und notieren bekannte Zitate oder Aussprüche, die ihnen besonders gut gefallen. Die Sammlung kann im weiteren Unterricht von den Schülern eigenständig ergänzt werden.

Zur Kopiervorlage Seite 43: RUDENZ UND ATTINGHAUSEN

In „Wilhelm Tell" ist das Thema „Generationenkonflikt" von zentraler Bedeutung. Die Kopiervorlage beleuchtet die Auseinandersetzung zwischen Rudenz und seinem Onkel Attinghausen (II,1).

Möglicher Einstieg

Gerade anhand dieser Szene lässt sich ein Bogen zur Alltagswirklichkeit der Schüler spannen: Die Vorstellungen der Jungen kollidieren mit denen der Alten. Folgende Fragen bieten sich als Einstieg an: Wer hatte mit seinen Eltern schon einmal Streit wegen seiner Kleidung oder wegen seines Verhaltens in der Öffentlichkeit? Habt ihr euch schon einmal mit euren Eltern gestritten, weil ihr zu viel Zeit vor dem Computer verbracht habt? Woran liegt es, dass eure Eltern häufig anderer Meinung sind als ihr? Haltet ihr eure Eltern manchmal für altmodisch? Abschließend kann darüber diskutiert werden, ob modernere Ansichten grundsätzlich die besseren sind.

Lösung

Aufgabe 1

Er möchte sich deutlicher vom Volk abheben. Er hat sich in eine adlige Dame verliebt. Es drängt ihn nach ruhmvollen Taten im Krieg und auf Turnieren. Ihm ist es bei seinem Onkel zu langweilig.

Aufgabe 2

Rudenz: „Mein Onkel ist so schrecklich altmodisch." – „Ich wünschte, er würde erkennen, dass die Zeiten sich geändert haben." / „Ich wünschte, er würde mich besser verstehen." – „Manchmal denke ich, hier wird sich nie etwas ändern."
Attinghausen: „Mein Neffe ist noch sehr jung und unerfahren." – „Ich wünschte, er könnte die Situation besser einschätzen." / „Ich wünschte, er ließe sich nicht von der Aussicht, bei Hofe zu leben, verführen." – „Manchmal denke ich, es wäre besser gewesen, wenn ich den Wandel der Zeiten nicht mehr erlebt hätte."

Aufgabe 3

	Rudenz	Attinghausen
Kleidung	Ritterkleidung, prächtig gekleidet (Seide, Pfauenfeder, Purpurmantel)	Pelzwams, Stab mit Gemsenhorn
Einstellung zum Volk	Verachtung der Landsmänner, schämt sich ihres Grußes, mag den Brauch des Morgentrunks nicht	legt großen Wert auf den Kontakt zum Volk, pflegt den Brauch des Morgentrunks
Wertvorstellungen	eigene Interessen (z. B. ruhmreiche Taten am Hofe) sind wichtiger als Interessen der Landsmänner, Anschluss an die Mächtigen als Ziel	Wahrung der Traditionen, sieht sich als Vertreter der Interessen seines Landes
Vorstellungen hinsichtlich der Zukunft des Landes	Die Waldstätten sollen sich Österreich unterwerfen.	Die Waldstätten sollen unabhängig und frei bleiben.

Weiterführende Anregungen

- Weiterführend können Sie den Schülern folgende Frage stellen: Erkläre, inwiefern sich die unterschiedliche Einstellung der beiden Männer in ihrer Kleidung und ihrem Verhalten beim Morgentrunk widerspiegelt. – Bereits Rudenz' Kleidung zeigt, dass er sich vom einfachen Volk abheben will (Ritterkleidung). Attinghausen hingegen fühlt sich dem Volk verbunden (Pelz, Gemsenhorn). Der Morgentrunk symbolisiert die Verbindung zwischen Adel und einfachem Volk. Während Rudenz zaudert, den Becher zu nehmen, legt Attinghausen viel Wert auf diesen Brauch.
- Überlegen Sie gemeinsam mit Ihrer Klasse, weshalb Schiller zwischen dem Beschluss, sich auf dem Rütli zu treffen (I,4), und dem tatsächlichen Treffen auf dem Rütli (II,2) diese Szene einbaut.

Zur Kopiervorlage Seite 44: FIGURENKONSTELLATIONEN

Bei der Untersuchung von Literatur kann es sehr hilfreich sein, sich die Beziehungen von Personen zueinander grafisch vor Augen zu führen, z. B. um Veränderungen deutlich zu machen oder um die Beziehungen besser analysieren zu können. Hat man das System der Darstellung durchschaut, ist es leicht anzuwenden. Die Schüler sollen dieses nützliche Handwerkszeug kennenlernen und anschließend auf vorgegebene Situationen übertragen.

Die erste Aufgabe kann auf Folie kopiert und an die Wand projiziert werden. Die Nähe zur Lebenswirklichkeit der Schüler und der Rätselcharakter motivieren die Schüler, sich mit der grafischen Darstellung von Figurenkonstellationen auseinanderzusetzen.

Die dritte Aufgabe sollte in Vierergruppen bearbeitet werden, um eine Beteiligung möglichst aller Schüler zu ermöglichen. Halten Sie ausreichend viele DIN-A3-Blätter sowie eventuell dickere Stifte, die auch von Weitem gut sichtbar sind, bereit. Folgende Arbeitsanweisungen können die Schüler bei ihrer Gruppenarbeit unterstützen:

a) Überlegt, welche Figuren an der Situation beteiligt sind.
b) Beginnt mit Bleistiftskizzen, die sich noch verändern lassen. Achtet auf die genannten Darstellungsmöglichkeiten bei grafischen Figurenkonstellationen.
c) Übertragt euer Ergebnis auf ein DIN-A3-Blatt. Verwendet für die Darstellung einen dicken schwarzen Stift, damit es auch für andere gut erkennbar ist.
d) Stellt euer Ergebnis den anderen Gruppen vor.

Lösung

Aufgabe 1

(1) Sepp – (2) Urs – (3) Gustel – (4) Lina – (5) Peter – (6) Michel – (7) Lotta – (8) Liese

Am beliebtesten ist Sepp. – Liese, Lotta und Sepp kommen gut miteinander aus, sind aber nicht die dicksten Freunde. – Liese mag Michel gar nicht. – Michel findet Lotta zwar nett, ist aber nicht in sie verliebt.

Aufgabe 2

Richtung der Pfeile: In welche Richtung geht die Beziehung? – Dicke der Pfeile: Wie stark ist die Beziehung? – Symbole auf den Pfeilen: Welcher Art ist die Beziehung? – Verbindung durch Pfeile: Besteht zwischen den Figuren eine Beziehung? – Entfernung der Punkte zueinander: Wie nahe stehen sich die Figuren? – Namen der Figuren: Von welchen Figuren ist die Rede?

Aufgabe 3

Situation 1: Laut Attinghausen hat sein Neffe Rudenz zwar einen guten Kern, wurde aber von den Aussichten, bei Hofe leben zu können, verführt. Er würde ihn gerne zurückhalten. Attinghausen verspürt keine negativen Gefühle, eher Wehmut.

Rudenz hingegen lehnt seinen Onkel und dessen Einstellung ab. Er erwidert die Gefühle seines Onkels nicht. Das Volk kann evtl. als Element der Figurenkonstellation ergänzt werden. Es ist loyal gegenüber Rudenz und Attinghausen. Während Rudenz zu diesem Zeitpunkt den Kontakt zum Volk ablehnt, ist Attinghausen dieser besonders wichtig.

Situation 2: Rudenz und Bertha lieben sich. Beide legen großen Wert auf die enge Gemeinschaft mit dem Volk. Das Volk ist unbedingt loyal gegenüber Rudenz und Bertha.

Bei der grafischen Umsetzung sind verschiedene Möglichkeiten denkbar. Die Qualität der Gruppenarbeiten hängt davon ab, ob alle beteiligten Personen einbezogen sind, ob die Erklärung der Darstellung plausibel ist, ob logische Brüche in der Erklärung enthalten sind.

Eine gemeinsame Auswertung bietet sich an. Die Ergebnisse der Gruppenarbeiten werden dann für alle sichtbar ausgelegt oder ausgehängt und anhand folgender Leitfragen besprochen: Welche Situation fiel euch leicht, welche war schwierig? Warum? Bei welcher Situation liegen die Ergebnisse der Gruppen eng beieinander, wo unterscheiden sie sich stark? Welche Skizze haltet ihr für besonders gelungen? Weshalb kann es hilfreich sein, eine Figurenkonstellation zu skizzieren?

Zu den Kopiervorlagen Seiten 45 / 46: DER RÜTLISCHWUR

Die Szene des Rütlischwurs (II,2) ist die längste Szene des Dramas. Auf der Kopiervorlage Seite 45 wird sie zunächst inhaltlich betrachtet. Dieser Teil ist aufgrund der anschaulichen Übersicht besonders für die Mittelstufe geeignet. Die Kopiervorlage auf Seite 46 behandelt weitere Aspekte der Rütliszene: Die Schüler interpretieren die Kulisse und analysieren die zentralen Figuren.

Möglicher Einstieg

Da die Idee für das Treffen in I,4 geboren wird, bietet es sich an, mit einem Auszug aus dieser Szene zu beginnen. Hierzu wird folgender Textausschnitt auf Folie kopiert und als Mittel der Fokussierung an die Wand projiziert.

WALTHER FÜRST. [...] Dahin mag jeder zehn vertraute Männer / Mitbringen, die herzeinig sind mit uns, / So können wir gemeinsam das Gemeine / Besprechen und mit Gott es frisch beschließen. (V. 734–737)

Folgende Fragestellungen sind möglich:

- Was ist hier gemeint mit den Worten ‚Dahin' und ‚jeder'? (Dahin = auf das Rütli, jeder = Melchthal, Fürst und Stauffacher)
- Nach welchen Kriterien würdet ihr die Personen auswählen, die zu dem Treffen auf dem Rütli kommen sollen? (bei allen beliebt, Mann, Frau, stark, mutig, intelligent, bei den Vögten schon in Ungnade gefallen, meine Freunde, bisher noch nicht straffällig geworden, reich, ohne Familie, im Volk angesehen, kennen sich am Hof des Vogtes aus, adlig)

Lösung Seite 45

Aufgabe 1

Weshalb haben wir uns hier getroffen? Wir haben uns getroffen, um zu besprechen, wie wir gemeinsam gegen die Tyrannen vorgehen können. – Was wollen wir nicht? Wir wollen keine Rache, wir wollen nicht den Kaiser stürzen. – Was wollen wir tun? Wir wollen die Festungen stürzen und die Vögte vertreiben, wenn es sein muss, mit Gewalt. Wir wollen, dass es wieder so wird wie früher. – Wann wollen wir das tun? Warum? Wir wollen warten bis Weihnachten, weil wir dann unter einem Vorwand in die Burg kommen. – Weshalb haben wir das Recht, Widerstand zu leisten? Es handelt sich um unser Land, das unsere Ahnen fruchtbar gemacht haben. Wir haben uns freiwillig dem Kaiser unterstellt. Niemand hat das Recht, uns ungerecht zu behandeln. – Was schwören wir? Wir wollen uns zu einem Volk verbrüdern und uns in Not und Gefahr beistehen. Wir wollen wieder so frei sein, wie unsere Väter es waren. Wir vertrauen uns Gott an, dann müssen wir uns vor den Menschen nicht fürchten.

Lösung Seite 46

Aufgabe 1

Sie sind Vertreter von drei Generationen und drei Waldstätten und repräsentieren damit die drei Urkantone. Fürst: alt, Uri; Stauffacher: mittleres Alter, Schwyz; Melchthal: jung, Unterwalden. Zudem genießen Fürst und Stauffacher hohes Ansehen bei der Bevölkerung. Melchthal ist direkt vom Unrecht betroffen, Stauffacher davon bedroht, Walther Fürst ist Zeuge des Unrechts.

Aufgabe 2

Das Treffen auf dem Rütli findet nachts statt, was die Spannung steigert und die Heimlichkeit der Zusammenkunft unterstreicht. Durch die nächtliche Szene wird die herrschende Ungerechtigkeit betont, denn die Vertreter der Waldstätten sind auf ihrem eigenen Boden zur Heimlichkeit gezwungen. – Der Mondregenbogen ist eine sehr seltene Erscheinung. Er ist ein Symbol für den Bund zwischen Gott und den Menschen. Er verdeutlicht den Wunsch der Männer, den alten Bund der Väter zu erneuern und sich dabei Gottes Schutz anzuvertrauen. – Die aufgehende Sonne ist das Symbol der Aufklärung, deren Ziel der „Ausgang der Menschen aus ihrer selbst verschuldeten Unmündigkeit“ (Kant) ist. Mit der aufgehenden Sonne haben die Männer den Schritt von der Unmündigkeit hin zum selbstbestimmten Handeln getan.

Aufgabe 3

a) Frau von Knebel fand die Szene viel zu lang. – b) Die Schüler werden vermutlich vorschlagen, die Abschnitte der Begrüßung zu straffen. Auch die Abschnitte, in denen man sich auf den Vorsitz einigt, sowie der Bericht über die Besiedlung und Urbarmachung der Waldstätten werden möglicherweise für eine Kürzung vorgeschlagen. – c) Schiller hat die Szene bewusst ausgestaltet, um zu zeigen, dass es sich nicht um einen chaotischen Umsturz handelt, sondern um ein geplantes Vorgehen mit dem Ziel, die alte Ordnung wiederherzustellen. Darauf ist z. B. die lange Rechtfertigung des Vorhabens durch das Abwägen von alternativen Handlungsmöglichkeiten zurückzuführen.

Weiterführende Anregungen

- Heute gilt es als unwahrscheinlich, dass der Rütlischwur je stattgefunden hat. Lediglich eine lateinische Urkunde von 1291 ist erhalten, in der sich Uri, Schwyz und Unterwalden gegenseitige Hilfe im Falle von Gefahr zusichern und in der das Vorgehen bei Streitigkeiten zwischen den Ländern geregelt ist (siehe Infokasten unten). Dennoch begehen die Schweizer ihren Nationalfeiertag gerne auf dem Rütli und gedenken dort der Gründung der Schweiz. Diskutieren Sie mit der Klasse, weshalb die Schweizer wohl lieber den Rütlischwur als die Urkunde feiern. Dabei sollte zur Sprache kommen, dass es sich beim Rütlischwur um einen Gründungsakt handelt, den man sich bildlich sehr gut vorstellen kann, da er, besonders von Schiller, sehr ausführlich und anschaulich beschrieben wurde. Auch kann man sich sehr gut mit den damaligen Volksvertretern identifizieren, besser als mit einer Urkunde, die im Mittelalter in lateinischer Schrift verfasst wurde. Des Weiteren wurde bei dem Treffen auf dem Rütli, so wie Schiller es beschreibt, sehr detailliert argumentiert und diskutiert. Dies zeugt von einem hohen Grad an Zivilisation und Demokratie bereits im Mittelalter. Von solchen Vorfahren stammt man gerne ab. Weiterhin trägt zur Identifikation mit dem Rütlischwur bei, dass die Schicksale und Einstellungen der beteiligten Personen in „Wilhelm Tell“ ausführlich geschildert werden und das Geschehen dadurch sehr an Lebendigkeit und Glaubhaftigkeit gewinnt.
- Weiterführend zur dritten Aufgabe bietet es sich an, die Schüler in die Rolle Schillers schlüpfen zu lassen. Sie verfassen einen Antwortbrief an Frau von Knebel und erklären, weshalb die Szene genau so gestaltet wurde.

i

Der Rütlischwur

Die Schweizer feiern den Rütlischwur jedes Jahr am 1. August, an ihrem Nationalfeiertag. Der Legende nach trafen sich im Jahr 1291 Abgesandte aus den drei Waldstätten Uri, Schwyz und Unterwalden, um einen bündnisbesiegelnden Schwur zu leisten: den sogenannten Rütlischwur. Das Bündnis sollte den Landfrieden sichern und dem Schutz vor den Habsburgern und deren Vögten dienen. Das Treffen auf der Rütliwiese nahe dem Vierwaldstättersee gilt seither als Ursprung der Schweizer Eidgenossenschaft. Im Gegensatz zum Schwur, der bis ins 19. Jh. hinein auf das Jahr 1307 datiert wurde, ist dieses Bündnis durch eine Urkunde, den sogenannten Bundesbrief, belegt. Allerdings ist auch diese Urkunde unter Historikern umstritten.

Zur Kopiervorlage Seite 47: TELL UND HEDWIG

Die Szene III,1 ist der Beginn der eigentlichen Tell-Handlung. Tritt Tell zuvor als mutiger, starker und hilfsbereiter Einzelgänger auf, der sich aus der politischen Diskussion heraushält, so erlebt er in den folgenden Szenen die Willkür und Grausamkeit des Tyrannen Geßler am eigenen Leib. Hedwig schätzt sowohl den Charakter des Vogtes Geßler als auch den ihres Mannes richtig ein. Sie befürchtet Schlimmstes, sollten die beiden aufeinandertreffen. Wilhelm Tell nimmt ihre Ängste nicht ernst und setzt sich über ihren ausdrücklichen Wunsch, dass er sein Vorhaben doch verschieben solle, hinweg. Diese Entscheidung setzt die Verwicklungen in Gang.

Die erste Aufgabe der Kopiervorlage dient der Hinführung zum Thema. Es ist zu erwarten, dass die dargestellten Thesen Diskussionen auslösen werden. Mit der fünften Aufgabe bereiten Sie Ihre Schüler auf das „Gestaltende Erschließen eines literarischen Textes“ vor (siehe S. 67).

Lösung

Aufgabe 2

Die Aussagen 1, 2 und 3 treffen zu. Was die 5. Aussage anbelangt, so ist auch diese zutreffend – zumindest erhebt Tell keinen Einspruch gegen den Willen seines Kindes.

Aufgabe 4

Tell geht nicht auf die Bedenken seiner Frau ein, sondern verfolgt seine ursprüngliche Absicht weiter. Dies unterstreicht den Charakterzug des Einzelkämpfers.

Weiterführende Anregung

Fragen Sie die Schüler, wie sie sich ihren idealen Partner vorstellen. Wünschen sich die Jungen eine Partnerin wie Hedwig, die Mädchen einen Partner wie Tell? Warum? Warum nicht?

Zur Kopiervorlage Seite 48: GESPRÄCHSANALYSE: TELL UND HEDWIG

Je nach Stärke der Lerngruppe können einige Elemente der Textstelleninterpretation, die in der Oberstufe gefordert werden, bereits an dieser Stelle geübt werden. Verfügen die Schüler über eine eigene Textausgabe, ermutigen Sie sie dazu, sich bei der Bearbeitung der Aufgaben Notizen im Text zu machen. Sollte es sich um eine schuleigene Lektüre handeln, ist es sinnvoll, diese Szene für die Schüler zu kopieren, damit sie sich aktiv und intensiv damit auseinandersetzen können. Wenn Sie Ihre Schüler im Anschluss an die genaue Textarbeit eine zusammenhängende Analyse formulieren lassen möchten, kann der Aufbau mithilfe einer Anschrift an der Tafel oder am Whiteboard festgelegt werden:

i

Aufbau einer Gesprächsanalyse

1. Formulieren eines Basissatzes, in dem Titel, Gattung, Thema des Stückes und Autor genannt werden (z. B.: Im Drama „Wilhelm Tell“ von Friedrich Schiller geht es um die Befreiung des Schweizer Volkes von der Tyrannei der Vögte.)
2. Zusammenfassung des Inhalts und Einordnen der zu analysierenden Textstelle
3. Aufstellen einer Interpretationshypothese (z. B.: Obwohl der Dialog sehr konfliktgeladen ist, kommt es nicht zur offenen Auseinandersetzung.)
4. Genaue Untersuchung der Textstelle (Behauptungen durch Zitate belegen, damit sie glaubhaft sind; dabei auf richtige Zitierweise achten. – Hinweise zur richtigen Zitiertechnik finden Sie im Infokasten auf S. 25.)
5. Bedeutung der Textstelle für den weiteren Verlauf der Handlung herausarbeiten

Lösung

Aufgabe 1

Die Szene ist der Beginn der eigentlichen Tell-Handlung. Tritt Tell zuvor noch als Einzelkämpfer auf, so wird er in Altdorf gegen seinen Willen in das politische Geschehen verwickelt. Hedwig schätzt die Gefahr, die durch ein Aufeinandertreffen von Tell und Geßler droht, richtig ein. Die Entscheidung Tells, trotz der Bedenken seiner Frau nach Altdorf zu gehen, setzt die Verwicklungen in Gang.

Aufgabe 2

Nur die erste und die vierte Interpretation sind haltbar.

Zur Kopiervorlage Seite 49: BERTHA UND RUDENZ

Bei der Erarbeitung der zweiten Szene des dritten Aktes sollte sowohl auf die Liebesbeziehung zwischen Bertha und Rudenz als auch auf den historischen Hintergrund eingegangen werden. Zur Erarbeitung der damaligen gesellschaftlichen Verhältnisse bietet es sich an, sich mit der Übersetzung eines mittelalterlichen Minneliedes auseinanderzusetzen (siehe „Weiterführende Anregungen“).

Möglicher Einstieg

Spielen Sie Ihren Schülern das Lied „Tearin' up my heart“ von NSYNC vor. Hier wird beschrieben, wie ein Paar trotz gegenseitiger Liebe aufgrund der äußeren Umstände nicht zusammenbleiben kann. Der Mann besingt die Frau, auf den Knien vor ihr liegend. Nachdem die Schüler den Inhalt des Liedes kurz zusammengefasst haben, erstellen sie ein Standbild zu dieser Situation: Ein Schüler bringt zwei Mitschüler in die beschriebene Position. Die beiden werden anschließend befragt:

Wie fühlt ihr euch in dieser Position? Ist dies für euch eine überholte Vorstellung oder in bestimmten Situationen immer noch denkbar?

Lösung

Aufgabe 1

Bertha wirft Rudenz vor, er sei vom Feind verführt worden und nun ein Sklave Österreichs. Durch seinen treulosen Übertritt zum Feind habe er seine Pflicht vergessen. Er sei ein Verräter der Freiheit seines eigenen Volkes. Sie fordert von ihm, sich auf die wahren Werte zu besinnen und seinen, ihm von der Natur zugedachten Platz in der Gesellschaft wieder einzunehmen: als Erster von Freien und von Gleichen. Hier soll er die Unschuld verteidigen, die Unterdrückten vor dem Unrecht schützen und für sein Volk kämpfen.

Aufgaben 2 und 3

- (X) Sie schätzt das einfache Volk.
- (X) Sie liebt Rudenz, findet aber, dass er sich falsch verhält.
- ( ) Sie liebt einen anderen Mann und überlegt, ob Rudenz eine Alternative wäre.
- ( ) Sie möchte nicht mehr auf dem Gebiet der Waldstätten leben.
- ( ) Sie möchte nicht mit einem Mann verheiratet werden, den sie nicht liebt.
- (X) Sie befürchtet, dass man bei Hofe auf ihr Erbe aus ist.
- ( ) Sie befürchtet, dass Rudenz auf ihr Erbe aus ist.

Aufgabe 4

Er hat gerade seinen Onkel im Streit verlassen, um Bertha zu gewinnen. Sein komplettes Weltbild bricht zusammen.

Aufgabe 5

Bertha und Rudenz leben abgeschlossen von der Außenwelt in der Mitte einer Ebene („Tal"), von allen Seiten mit einer Mauer aus Bergen umschlossen, außen brandet der „Strom der wildbewegten Welt" an die Berge („Ufer"), das Tal ist nur nach oben hin offen.

Weiterführende Anregungen

- Im Anschluss an die Bearbeitung der Kopiervorlage bietet es sich an, sich mit der mittelalterlichen Minnelyrik auseinanderzusetzen. Die Schüler lernen das mittelhochdeutsche Liebeslied „Dû bist mîn, ich bin dîn" kennen und übertragen es in heutiges Deutsch.
- Die Schüler versetzen sich in Rudenz und verfassen ein eigenes Liebeslied für Bertha.

Zur Kopiervorlage Seite 50: DER APFELSCHUSS

Bei dieser Szene (III,3) handelt es sich um den dramatischen Höhepunkt des Stückes. Alle drei Handlungsstränge (Tell, Volksaufstand, Rudenz) laufen zusammen und haben hier ihren Wendepunkt. In der ersten Aufgabe machen sich die Schüler die zentralen Handlungselemente und den Zusammenhang der Ereignisse bewusst. Wichtige Eckpunkte, die beim Verfassen eines Zeitungsberichts berücksichtigt werden müssen, werden vorgestellt und dienen den Schülern als erste Hilfestellung.

Lösung

Aufgabe 1

Warum stehen die Leute hier herum? Welches Vergehen hat Tell begangen? Wann kam der Vogt dazu? Wie reagierte der Vogt auf Tells Vergehen? Wer hat recht – Tell oder der Vogt? Warum sollte Tell auf den Kopf seines Sohnes zielen? Wo stand Tell, wo stand sein Sohn? Wie reagierte das Volk auf die Anordnung des Vogtes? Warum wurde Tell abgeführt, obwohl er die Anordnung des Vogtes befolgt hatte? Wo wird der Vogt Tell hinbringen?

Aufgabe 2

a) Tell unterschätzt die politische Brisanz völlig. Er vertraut weiterhin auf seinen Grundsatz „Der Starke ist am mächtigsten allein." – b) Während Tell zuvor noch auf die Möglichkeit der Selbsthilfe vertraut hatte, erkennt er nun, dass Geduld und Schweigen nicht mehr ausreichen. Er wird hier aus seiner Naivität herausgerissen. Wie man später erfährt, fasst Tell in diesem Moment den Entschluss, Geßler zu töten, sollte er nicht den Apfel, sondern seinen Sohn treffen.

Aufgabe 3

Bertha: Ich habe Geßler indirekt vorgeschlagen, seine Aufforderung als Scherz darzustellen. So wäre er ohne Gesichtsverlust aus der Sache herausgekommen. Später habe ich versucht, Rudenz vom Reden abzuhalten, um den Vogt nicht zusätzlich zu reizen. – Walther Fürst: Ich habe ihm für die Freilassung Tells meinen Besitz angeboten, da ich wusste, dass er darauf ohnehin neidisch ist. – Stauffacher: Ich habe ihn auf die Unschuld des Kindes aufmerksam gemacht und wollte damit an seine menschlichen Gefühle appellieren. – Pfarrer Rösselmann: Ich habe ihn an Gottes Gericht am Jüngsten Tag erinnert. – Melchthal: Ich wollte, dass wir uns alle gemeinsam gegen den Vogt zur Wehr setzen. – Walther Tell: Mein Vater hatte angeboten, sein Leben dafür zu geben, wenn er nicht schießen muss. Ich wollte auf keinen Fall, dass er das tut. Ich war davon überzeugt, dass er treffen würde. Also habe ich gesagt, dass er schießen soll. – Rudenz: Ich habe versucht, ihm zu erklären, dass ein solches Verhalten nur Hass bei der Bevölkerung hervorrufen wird und nicht zum gewünschten Ziel der Abschreckung führen wird. Ich wäre auch bereit gewesen, ritterlich gegen ihn zu kämpfen. Dazu kam es aber nicht mehr.

Weiterführende Anregungen

- Fragen Sie die Schüler, inwiefern die Szene den Wendepunkt der drei Erzählstränge darstellt. Folgende Ergebnisse sollten anschließend zusammengetragen werden:

Tell-Handlung: Tells Bewusstsein hat sich durch diese Begegnung verändert. Kurz vor dem Schuss beschließt er, Geßler zu töten, sollte er seinen Sohn treffen. Er handelt nicht mehr spontan.
Rudenz-Handlung: Rudenz sieht nun klarer. Seine Einstellung ändert sich: „Die Binde fällt von meinen Augen." (V. 2016).
Volkshandlung: Zunächst scheinbare Handlungsunfähigkeit: „Mit Euch geht unser letzter Trost dahin." (V. 2093). Rudenz' Verhalten gegenüber dem Vogt führt zu Berthas Gefangennahme und zu einem Vorverlegen des Volksaufstands gemeinsam mit dem Adel: „Die Stunde dringt und rascher Tat bedarf's – / Der Tell ward schon das Opfer eures Säumens." (V. 2512 f.).

- Bringen Sie den Schülern an dieser Stelle den Begriff der „Stichomythie" näher (zum Ausdruck innerer Erregung erstrecken sich in einem Versdrama Rede und Gegenrede jeweils nur über eine Zeile). Wie wirkt die Stichomythie in Vers 1802–1810 auf die Schüler? Das Stilmittel unterstreicht hier die große Bedeutung des Königs für das Leben der Menschen.

Zur Kopiervorlage Seite 51: DIE HOHLE GASSE

Tell hat beschlossen, den Vogt zu töten, und reflektiert darüber in einem langen dramatischen Monolog. Diese Kopiervorlage beleuchtet Tells Selbstgespräch unter inhaltlichen und formalen Aspekten. Durch das szenische Spiel sowie das Umschreiben des Monologs in einen Dialog werden die Schüler an das dramaturgische Arbeiten herangeführt und auf das „Gestaltende Erschließen eines literarischen Textes" vorbereitet (siehe S. 67).

Lösung

Aufgabe 1
Als Tell gezwungen wurde, auf seinen Sohn zu schießen, hat er sich geschworen, Geßler mit dem nächsten Pfeil zu töten. Er beabsichtigt nun, dies durchzuführen.

Aufgabe 2
Tell rechtfertigt sein Vorhaben vor Geßler und vor seinen Kindern. Geßler habe seine Amtsbefugnisse überschritten und begehe aus mörderischer Lust Gräueltaten. Seine Kinder will Tell vor der Rache des Tyrannen schützen.

Aufgabe 3
Reflexionsmonolog. Der Entschluss ist bereits in III,3 gefallen. Nun rechtfertigt Tell sein Vorhaben mit Argumenten.

Weiterführende Anregung
Lassen Sie die Schüler einzelne Sätze aus IV,3 vervollständigen. Dies bringt ihnen den Inhalt der Szene näher und hilft, den Text zu verstehen. Kopieren Sie dazu einige Sätze auf Overheadfolie oder präsentieren Sie sie am Whiteboard:

- Die Stimmung des Hochzeitszuges steht in starkem Kontrast zu ... (dem ernsten Vorhaben Tells.) (V. 2652–2656)
- Die Szene mit Armgart hebt hervor, wie ... (unbarmherzig und ungerecht Geßler ist.) (V. 2710–2776)
- Geßler wird genau dann von Tell erschossen, als ... (er ein neues Gesetz zur Unterdrückung der Bevölkerung schaffen will.) (V. 2779 –2786)
- Tell erschießt den Vogt aus persönlichen Gründen. Dennoch ist er sich der Bedeutung des Mordes für sein Volk bewusst, denn er sagt: ... („Frei sind die Hütten, sicher ist die Unschuld / Vor dir, du wirst dem Lande nicht mehr schaden".) (V. 2794–2795)
- Rudolph der Harras muss einsehen, dass ... (er gegen die Bevölkerung nichts ausrichten kann / die Zeit der Tyrannei vorbei ist.) (V. 2823–2831)

Zur Kopiervorlage Seite 52: FRAUENFIGUREN IN „WILHELM TELL"

Schiller besetzte in seinem Drama über vierzig Männer-, aber nur sehr wenige Frauenrollen. Von diesen treten vier als Figuren auf, die eine eigene Meinung äußern und einen Text sprechen, der länger als einige wenige Zeilen ist. Die Rolle dieser vier Frauen sollte differenziert betrachtet werden. Dabei sollte auch der historische Hintergrund nicht außer Acht gelassen werden: Im Mittelalter waren die Frauen den Männern untergeordnet und ihre Aufgaben auf Haushalt, Dienstboten (soweit vorhanden) und Kinder beschränkt. Innerhalb dieser Grenzen versuchten sie, Einfluss auf die Männer zu nehmen. Die zweite Aufgabe kann als arbeitsteilige Gruppenarbeit erledigt werden: In Kleingruppen untersuchen die Schüler jeweils eine der vier Frauen. Die Ergebnisse werden anschließend im Plenum zusammengetragen. Die dritte Aufgabe schlägt den Bogen zur Lebenswirklichkeit der Schüler und bereitet zugleich auf das „Gestaltende Erschließen eines literarischen Textes" vor (siehe S. 67).

Lösung

Aufgabe 2
Bertha von Bruneck bewirkt ein Umdenken bei Rudenz und trägt dadurch zu einer Veränderung der gesellschaftlichen Strukturen bei. Anfangs zaudert Rudenz, den Morgentrunk mit dem einfachen Volk einzunehmen und stellt sich über das Volk („Das Recht, das er [der Knecht] sich nimmt, verweigr' ich ihm", V. 785). Am Schluss des Dramas erklärt er das Volk als gleichberechtigt: „Und frei erklär ich alle meine Knechte" (V. 3291). – Gertrud rät ihrem Mann Werner Stauffacher zum politischen Aufstand und setzt damit die Widerstandsbewegung in Gang. Sie ist bereit, ihr eigenes Leben zu lassen („Ein Sprung von dieser Brücke macht mich frei.", V. 329). Allerdings räumt sie ein, ihre klugen Gedanken seien eigentlich die Gedanken ehrwürdiger Männer: „Wenn bei dem Vater sich des Volkes Häupter / Versammelten, die Pergamente lasen / Der al-

ten Kaiser, und des Landes Wohl / Bedachten in vernünftigem Gespräch. / Aufmerkend hört ich da manch kluges Wort [...] Und still im Herzen hab ich mir's bewahrt" (V. 243 ff.). – Hedwig versucht, Einfluss auf Tell zu nehmen, indem sie ihn bittet, den Gang nach Altdorf zu verschieben. Im Gegensatz zu Tell schätzt sie den Vogt Geßler richtig ein: „Er hat vor dir gezittert – Wehe dir! / Dass du ihn schwach gesehn, vergiebt er nie." (V. 1571 f.). Tell nimmt jedoch keine Rücksicht auf ihre Bedenken. (Dies mag als typisch für das Mittelalter oder als typisch für Tells Charakter gedeutet werden.) – Armgart, die nichts mehr zu verlieren hat, wirft sich dem Vogt in den Weg und verlangt Gerechtigkeit. Dabei spricht sie ihre Meinung mutig aus („Tu deine Pflicht!", V. 2756); „Tratest du doch längst / Das Land des Kaisers unter deine Füße!", V. 2770 f.). Sie weiß jedoch, dass sie als Frau keine andere Handlungsmöglichkeit hat („– O ich bin nur ein Weib! Wär ich ein Mann, / Ich wüsste wohl was besseres, als hier / Im Staub zu liegen –", V. 2772 ff.). Es muss ein Mann kommen (Tell), um das auszuführen, was sie gerne tun würde, nämlich durch wirkungsvolle Taten in das Geschehen eingreifen.
Fazit: Die Frauen aller Gesellschaftsschichten versuchen, Einfluss auf das Geschehen zu nehmen. Während die wohlhabenderen Frauen (Bertha, Gertrud) von den Männern gehört werden und etwas bewirken können, sind Hedwig und Armgart mit der Wirkung, die ihr Handeln zeigt, unzufrieden.

Weiterführende Anregung
Wenn Sie diese Thematik weiter vertiefen möchten, bieten sich folgende Fragestellungen an:
1. Erörtere die Aussage: „Während die Männer im Drama ‚Wilhelm Tell' aktiv sind und die Handlung vorantreiben, bleiben die Frauen passiv und beeinflussen den Fortgang der Handlung nicht."
Diese Fragestellung bietet sich v. a. zur Vorbereitung auf eine „Freie Erörterung" oder das „Erörternde Erschließen" an (siehe S. 67).
2. Schiller hat sich in seinem Gedicht „Würde der Frauen" (1795) mit der Rollenverteilung von Männern und Frauen beschäftigt. Untersuche, inwiefern sich die hier beschriebenen Rollen im Drama widerspiegeln.

■ Zur Kopiervorlage Seite 53: DER WEG ZUR FREIHEIT

Diese Kopiervorlage beleuchtet verschiedene Aspekte des Weges zur Freiheit (Tells Befreiung, Berthas Befreiung, Befreiung von der Vorherrschaft). Schiller entschied sich bei der Geschehensvermittlung zumeist für die bühnentechnischen Kunstgriffe der „Mauerschau" und des „Botenberichts". Zum einen lässt sich dies damit begründen, dass sich einige Dinge auf der Bühne nur schwer darstellen lassen (z. B. die gleichzeitige Bezwingung mehrerer Festungen; Szenen, in denen Feuer vorkommt), zum anderen damit, dass die Darstellung blutrünstiger Szenen nicht der Vorstellung der Klassik entsprach.

Die Begriffe der „Mauerschau" und des „Botenberichts" werden in der ersten Aufgabe induktiv eingeführt und angewendet. Für die Bearbeitung der zweiten Aufgabe bietet sich eine arbeitsteilige Gruppenarbeit an. Durch die Erstellung eines Comics in der dritten Aufgabe wird sichergestellt, dass die Schüler verstehen, wie es zur Befreiung des Landes kommt.

Lösung
Aufgabe 1
a) B = Mauerschau (auch „Teichoskopie") – C = Botenbericht

b)

	Botenbericht	Mauerschau
Definition	Eine Figur (Bote) berichtet, was an anderer Stelle zuvor geschehen ist.	Eine Figur berichtet, was an anderer Stelle gerade in diesem Moment geschieht. Da der Berichtende mehr sieht als der Zuschauer, scheint er eine erhöhte Position innezuhaben (Mauer).
In diesen Fällen würde ich das Stilmittel einsetzen	Diese Mittel werden eingesetzt, wenn ein Geschehen aus technischen Gründen nicht auf der Bühne gezeigt werden kann (z. B. die Pferde gehen durch) oder es aus moralischen oder ästhetischen Gründen nicht gezeigt werden soll (z. B. Hinrichtung).	

Aufgabe 2
a) Vermittlung durch einen gerade endenden Botenbericht (V. 2099–2116): Tell wurde gefangen genommen und Attinghausen liegt im Sterben. Das Entkommen Tells wird ab Vers 2163 von erhöhter Position aus vermittelt (klassische Mauerschau). Die Szene wäre auf der Bühne nur schwer darstellbar gewesen. – b) Vermittlung durch den Botenbericht von Melchthal. Die Zerstörung zweier Gebäude an zwei verschiedenen Orten in zwei Bühnenbildern hintereinander wäre bühnentechnisch nur schwer realisierbar. – c) Auch Berthas Rettung aus den Flammen (ebenfalls Botenbericht) wäre nur schwer darstellbar gewesen. – d) Vermittlung durch einen Botenbericht von Stauffacher. Auch hier wäre die Tat schwer darstellbar und zudem grausam anzusehen gewesen.

Aufgabe 3
Die Schüler entnehmen die Handlungsschritte dem Text: Melchthal schleicht sich nachts in das Schloss, der Feind wird vertrieben, das Schloss wird angezündet. Diethelm berichtet von Bertha im brennenden Schloss, Melchthal und Rudenz retten sie gemeinsam aus den Flammen. Melchthal jagt dem Vogt von Landenberg nach, lässt aber in letzter Minute Milde walten und schenkt ihm die Freiheit, als er verspricht, das Land für immer zu verlassen.

Zur Kopiervorlage Seite 54: ZWEI MÖRDER IM VERGLEICH

Um sicherzugehen, dass Tell nicht als Mörder missverstanden wird, fügt Schiller die Parricida-Szene ein und stellt die beiden Gewaltverbrechen einander gegenüber: die gerechtfertigte Tat Tells und ein Mord aus niederen Beweggründen. Oft wurde Schiller für diese Szene kritisiert: Sie unterbreche die Handlung, sei überflüssig, bringe nichts Neues. Schiller dagegen verteidigte die Szene als „Schlussstein des Ganzen".

Bevor sich die Schüler mit der Kritik an dieser Szene auseinandersetzen, wird sie inhaltlich erschlossen.

Lösung

Aufgabe 1

	Wilhelm Tell	Johannes Parricida
Tat	Tötung von Geßler	Tötung von König Albrecht
Verhalten nach der Tat	kehrt in sein friedliches Zuhause zurück, hat die Waffe für immer an einem sicheren Ort versteckt	Flucht, hetzt durch das Gebirge, versteckt sich und sucht als Mönch verkleidet Unterschlupf
Was sagt das Verhalten über den Täter aus?	fühlt sich im Recht, zieht persönliche Konsequenzen aus der Tat	ist sich seiner Unrechtstat bewusst
Tatmotiv(e)	Schutz der eigenen Familie vor der Willkür Geßlers	Neid, Rache am „Räuber meines Erbes"
Wie beurteilt Parricida die beiden Morde im Vergleich?	findet die Taten vergleichbar: Tells Tat: „Ihr erschlugt / Den Landvogt, der Euch Böses tat" (V. 3152 f.), „Auch Ihr namt Rach' an Euerm Feind" (V. 3175); seine Tat: „Auch ich / Hab einen Feind erschlagen, der mir Recht / Versagte" (V. 3153 ff.)	
Wie beurteilt Tell die beiden Morde im Vergleich?	findet die Taten nicht vergleichbar: „Nichts teil ich mit dir" (V. 3184); Parricidas Tat: „der Ehrsucht blut'ge Schuld" (V. 3176), „die heilige Natur [...] / Geschändet" (V. 3183 f.); seine Tat: „gerechte[n] Notwehr eines Vaters" (V. 3177), „reine[n] Hände" (V. 3181)	

Aufgabe 2

Iffland kann Tells Beurteilung der beiden Taten nicht nachvollziehen. Er ist außerdem der Meinung, die Parricida-Szene sei überflüssig. Auch auf die Szene in Tells Wohnung hätte man seiner Meinung nach verzichten können. Beides lenke von der weiter zu fassenden Aussage des Dramas ab.

Die Motive von Tell und Parricida unterscheiden sich: Parricida ermordet den Kaiser, da er von ihm um seinen Erbteil betrogen wurde und ihm materielles Unrecht widerfahren ist. Tell erschießt Geßler, um seine Familie zu verteidigen. Tell interpretiert seine eigene Tat als Notwehr und verurteilt Parricida als Mörder. Tells Einordnung der Taten ist durchaus anfechtbar: Zum Zeitpunkt der Ermordung Geßlers droht z. B. keine akute Gefahr für Tells Angehörige. Geßler diskutiert mit Rudolph der Harras die Tagespolitik und ist nicht auf dem Weg zu Tells Familie. Da Tell zum Zeitpunkt seiner Tat jedoch nichts vom Volksaufstand weiß, erscheint ihm die Bedrohung seiner Familie durchaus als realistisch (siehe auch Infokasten S. 34, „§ 32 Notwehr"). Die Szene mit Parricida kann man als überflüssigen Exkurs empfinden, da Tell seine Gründe für den Mord an Geßler in seinem Monolog ausführlich dargelegt hat.

Aufgabe 3

Rechtfertigung von Tells Tat und moralische Abgrenzung gegenüber Unrechtstaten

Weiterführende Anregung

Falls die Kopiervorlage „Tell – Ein Freiheitskämpfer?" (S. 56) nicht bearbeitet wird, bietet es sich an, im Anschluss an diese Kopiervorlage folgende weiterführende Fragen zu stellen, um das Thema umfassend zu behandeln: Lässt sich die Tötung eines Menschen überhaupt rechtfertigen? Hätte es Alternativen zur Tötung Geßlers gegeben? Wenn ja, welche? Je nach Lerngruppe kann auch das biblische Gebot „Du sollst nicht töten" miteinbezogen werden.

Zur Kopiervorlage Seite 55: TELL VOR GERICHT

Am Ende des Dramas ist Wilhelm Tell der Held, der von allen als „Erretter" gefeiert wird. Die Tatsache, dass er einen Menschen getötet hat, bleibt unbeachtet. Ist seine Tat überhaupt zu rechtfertigen? Durch das Rollenspiel beleuchten die Schüler diese Frage von unterschiedlichen Seiten.

In Dreiergruppen bereiten sie sich auf die „Gerichtsverhandlung" vor. Dabei macht sich jede Arbeitsgruppe innerhalb einer vorgegebenen Zeit (etwa fünf Minuten) Notizen. Aus jeder Gruppe nimmt eine Person an der Verhandlung teil. Da zwölf Rollen zur Auswahl stehen, ist die Aufgabe auf 36 Schüler ausgelegt. Bei einer größeren oder kleineren Klasse sind Varianten notwendig. Um Diskussionen zu vermeiden, kann die Rollenverteilung auch ausgelost werden. Welcher der drei Schüler einer Gruppe im Rollenspiel agiert, sollte erst kurz vor der Gerichtsverhandlung durch eine neutrale Frage entschieden werden (z. B. „Wer hat die höchste Hausnummer?"). Dies steigert die Motivation, sich in die Kleingruppe einzubringen.

Zur Vorbereitung auf die „Gerichtsverhandlung" sollten den Schülern die folgenden Auszüge aus dem Strafgesetzbuch zur Verfügung gestellt werden (vgl. Infokasten). Damit die Schüler eigenständig ein Strafmaß finden können, sollte ihnen dies zunächst jedoch nicht genannt werden.

Laut StGB lautet das vorgesehene Strafmaß für Mord, Totschlag und Notwehr folgendermaßen:

- Notwehr ist ein Rechtfertigungsgrund und bleibt ungestraft.
- Ein Mörder wird zu lebenslanger Freiheitsstrafe verurteilt.

- Ein Totschläger wird mit Freiheitsstrafe nicht unter fünf Jahren bestraft, in besonders schweren Fällen mit lebenslanger Freiheitsstrafe.

> **§ 211 Mord**
> (2) Mörder ist, wer aus Mordlust, zur Befriedigung des Geschlechtstriebs, aus Habgier oder sonst aus niedrigen Beweggründen, heimtückisch oder grausam oder mit gemeingefährlichen Mitteln oder um eine andere Straftat zu ermöglichen oder zu verdecken, einen Menschen tötet.
>
> **§ 212 Totschlag**
> Ein Totschläger ist derjenige, der einen Menschen tötet, ohne Mörder zu sein.
>
> **§ 32 Notwehr**
> (1) Wer eine Tat begeht, die durch Notwehr geboten ist, handelt nicht rechtswidrig.
> (2) Notwehr ist die Verteidigung, die erforderlich ist, um einen gegenwärtigen rechtswidrigen Angriff von sich oder einem anderen abzuwenden.

Bei der Bearbeitung der zweiten Aufgabe erhält jeder Schüler die Möglichkeit einer individuellen Bewertung des Sachverhalts.

Diese Kopiervorlage bereitet die Schüler zudem auf die Kopiervorlage „Tell – ein Freiheitskämpfer?“ (S. 56) vor.

Weiterführende Anregung

An dieser Stelle bietet es sich an, die Schüler eine Verteidigungsrede für Wilhelm Tell verfassen zu lassen. In dieser Rede sollten die besonderen Umstände, die zu der Tat geführt haben, berücksichtigt und erklärt werden.

Zur Kopiervorlage Seite 56: TELL – EIN FREIHEITSKÄMPFER?

Diese Kopiervorlage regt zu einer kritischen Hinterfragung von Tells Glorifizierung an. Kämpfte Tell für die Freiheit aller, als er Geßler tötete? Tötete er nicht eher aus persönlichen Gründen? Aus Sicht seiner Eidgenossen ist es durchaus nachvollziehbar, dass sie ihn als Helden feiern, denn schließlich befreite er sie vom Tyrannen. Hätte es stattdessen auch andere Wege gegeben, der Unterdrückung ein Ende zu bereiten?

Die erste Aufgabe regt zur kritischen Hinterfragung von Tells Tat an. Je nach Lerngruppe kann das biblische Gebot „Du sollst nicht töten“ in die Diskussion miteinbezogen werden. Daneben behandelt diese Kopiervorlage Menschen und Organisationen, die sich auf unterschiedliche Weise für die Freiheit (bzw. das, was sie dafür halten) einsetzen. Die Aufgabe kann sehr gut als Gruppenarbeit durchgeführt werden. Die Präsentation der Arbeitsergebnisse kann in Form einer PowerPoint-Präsentation oder mithilfe von Plakaten erfolgen. Ein Vergleich und eine differenzierte Betrachtung der verschiedenen Personen bzw. Organisationen und ihrer Ziele und Mittel sollte dabei unbedingt stattfinden. Ziel ist es, zu erkennen, aus welch unterschiedlichen Motiven heraus Widerstand entstehen kann und wie unterschiedlich dieser umgesetzt wird.

Möglicher Einstieg

Als Einstieg in die dritte Aufgabe bietet es sich an, den Schülern Fotos von Che Guevara, Stauffenberg, Gandhi, Mandela etc. zu zeigen. Auch die verschiedenen Embleme der Gruppierungen können vorgestellt werden. Fragen Sie die Schüler, welches Gesicht oder welches Zeichen ihnen bekannt ist.

Lösung

Aufgabe 2

Die Aussage zeugt von einer Glorifizierung und unreflektierten Verehrung der Figur Tells. Das Wort „wallen“ erinnert an eine „Wallfahrt“ zu einem Heiligen.

„WILHELM TELL“ IN BILDERN

Mithilfe dieser Bilder lässt sich die gesamte Handlung des Dramas „Wilhelm Tell“ zusammenfassen. Sie sind allerdings in der falschen Reihenfolge abgedruckt.

1. Schneide nach jeder gelesenen Szene das passende Bild aus und klebe es auf dem Arbeitsblatt „Handlungsübersicht“ in das richtige Kästchen.

2. Notiere unter dem Bild in kurzen Sätzen oder in Stichworten, was in der Szene passiert.

3. Wenn du alle Szenen gelesen hast, fasse die Aufzüge jeweils in einem kurzen Satz zusammen.

HANDLUNGSÜBERSICHT

Friedrich Schiller: Wilhelm Tell

I,1	I,2	I,3	I,4	II,1	II,2	III,1
1. Aufzug:				2. Aufzug:		3. Aufzug:

III,2	III,3	IV,1	IV,2	IV,3	V,1	V,2	V,3
		4. Aufzug:			5. Aufzug:		

DIE MITTELALTERLICHE STÄNDEGESELLSCHAFT

Das Drama „Wilhelm Tell" spielt im Mittelalter, um 1300. Zu dieser Zeit gab es eine relativ starre Ständehierarchie. Diese Lehre der „Ordo" (lat. *ordo* = Ordnung, Rang) wurde von der Kirche schon früh verbreitet.

1. Der Holzschnitt gibt die idealtypische Ordnung der mittelalterlichen Ständegesellschaft wieder. Betrachte das Bild und beantworte folgende Fragen:
a) Wer ist auf dem Bild zu erkennen?
b) Was sagt dir die räumliche Anordnung der Figuren?
c) Welche Aufgaben kamen den einzelnen Ständen zu?

Christus und Drei Stände / Holzschnitt

Personen: ____________________

Anordnung der Figuren: ____________________

____

____

____

Aufgaben der Stände: ____________________

____

____

____

2. Betrachte die „Ständezwiebel". Was fällt dir daran auf? Ordne die folgenden Figuren ihrem Stand zu und schreibe auf die Zeilen: Jäger Wilhelm Tell, König Rudolf von Habsburg, Reichsvogt Herrmann Geßler, Freiherr von Attinghausen, Werner Stauffacher, Fischer Ruodi, Jäger Werni, Pfarrer Rösselmann, Hirte Kuoni, Herzog Johannes Parricida.

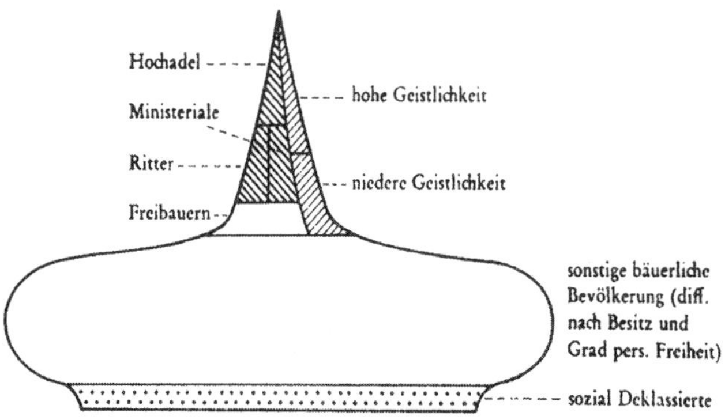

Stefan Hradil, Soziale Ungleichheit in Deutschland, S. 111

Hochadel: ____________________

Ministeriale: ____________________

Freibauern: ____________________

niedere Geistlichkeit: ____________________

bäuerliche Bevölkerung: ____________________

____

DIE GRÜNDUNG DER SCHWEIZ

Zum Gebiet der Urschweiz zählen die drei Waldstätten Uri, Schwyz und Unterwalden. Das Gebiet ist sehr gebirgig. Wiesenflächen unterbrechen Gebirgszüge mit Höhen von bis zu 3630 m (Dammastock, Kanton Uri). Im Mittelalter war die Gegend dünn besiedelt und hauptsächlich von Bauern, Hirten und Jägern bewohnt, die ihren Lebensunterhalt mit dem verdienten, was die Natur zu bieten hatte. Einige gelangten durch Fleiß zu ansehnlichem Wohlstand. Wegen des Gotthardpasses (Kanton Uri) war das Gebiet sowohl strategisch als auch wirtschaftlich sehr interessant. Hier verlief im Mittelalter ein wichtiger Handelsweg nach Italien. Die dort erhobenen Zölle warfen gute Gewinne ab.

1. Nicht immer waren Uri, Schwyz und Unterwalden politisch unabhängig. Der folgende Comic zeigt die Entwicklung der drei Waldstätten von 1032 bis 1291. Welche Ereignisse werden hier dargestellt? Formuliere zu jedem Bild ein bis zwei Sätze.

2. 1273 setzte König Rudolf von Habsburg Vögte als seine Vertreter für die Verwaltung der Waldstätten ein. Die Vögte stammten meist aus dem niederen Adel und hatten daher wenig Verständnis für die Anliegen der ländlichen Bevölkerung. Wo könnten bei dieser Art der Verwaltung die Vorteile gelegen haben? Welche Gefahren siehst du darin?

DER HANDLUNGSORT (I,1)

Das Drama „Wilhelm Tell" spielt im Gebiet der heutigen Schweiz, in den drei Kantonen Unterwalden, Schwyz und Uri. Es handelt sich um eine gebirgige Gegend. Der Vierwaldstätter See liegt auf 434 m Höhe, die umliegenden Berge weisen Höhen bis 1923 m (Niederbauen Chulm) auf.

1. Hebe die folgenden, für das Drama zentralen Schauplätze in der Karte farbig hervor: Altdorf, Bürglen, Attinghausen, Steinen, Rütli, Hohle Gasse.

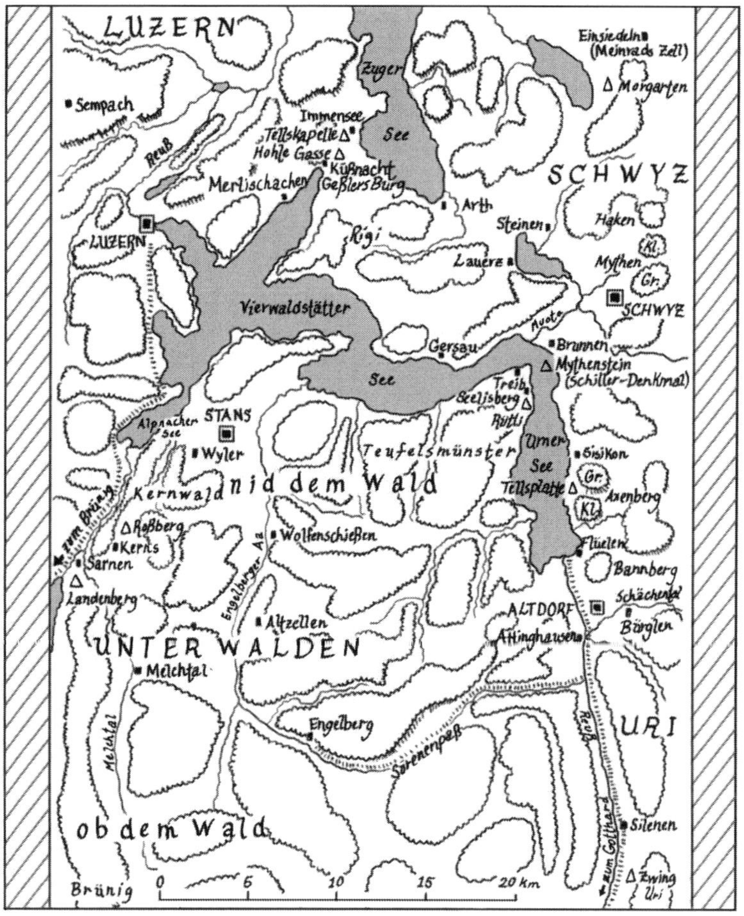

Karte zum Schauplatz

▣ Hauptorte ■ sonstige Orte △ historische Stätten

2. Lies die Regieanweisungen zu Beginn der ersten Szene. Markiere mit einem Kreuz auf der Karte, wo du die Szene vermutest.

3. Lies die Regieanweisungen noch einmal. Skizziere die Landschaft und vergleiche mit deinem Nachbarn.

4. Zeichne folgende Figuren in deine Skizze ein: Fischerknabe Jenny im Boot, Hirte Kuoni auf dem Berg, Alpenjäger Werni auf dem gegenüberliegenden Berg, Fischer Ruodi vor der Hütte.

i

Wenn ein Drama auf der Bühne aufgeführt werden soll, erhält ein Regisseur (Spielleiter) den Auftrag, das Stück zu inszenieren. Er entscheidet, wie das Bühnenbild aussieht, wo und wie die Schauspieler stehen, wie sie sich bewegen und wie sie sprechen. Mit den Regieanweisungen gibt der Autor Hinweise darauf, wie er sich die Aufführung vorstellt.

BAUMGARTENS RETTUNG

Betrachte die folgende Skizze und beantworte die Fragen.

Baumgartens Rettung (I,1)

Baumgarten

- Weshalb ist Baumgarten in Gefahr?
- Wie beurteilst du Baumgartens Tat?

Ruodi

- Weshalb ist Ruodi nicht bereit, Baumgarten zu helfen?
- Wie feige ist Ruodi? Kreuze an.

gar nicht feige | 1 | 2 | 3 | 4 | 5 | sehr feige

Begründung:

Tell

- Weshalb wagt Tell die Rettung Baumgartens trotz des Unwetters?
- Welche Charaktereigenschaften treffen am ehesten auf Tell zu? Begründe.

mutig eigensinnig selbstlos spontan unvernünftig wissbegierig stark freundlich

DIE GEWALTHERRSCHAFT DER VÖGTE

1. Inwiefern kann man im ersten Aufzug von Gewaltherrschaft sprechen? Benenne das Unrecht in Stichworten.

I,1

I,1

I,2

I,3

I,3

I,4

I,4

2. Ordne die verschiedenen Übergriffe den betreffenden Lebensbereichen zu.

Privatleben	Berufsleben	Politisches Leben

3. Überlege, ob die Reaktionen Baumgartens und Melchthals rechtens sind. Was hätten sie stattdessen tun können? Haben die Betroffenen überhaupt eine Möglichkeit, sich zur Wehr zu setzen?

„WILHELM TELL" IN ZITATEN

1. Lies die folgenden Zitate und beantworte die Fragen.
a) Welches dieser Zitate stammt nicht von Wilhelm Tell? Von wem stammt es?
b) In welchen beiden Situationen wurden die Aussagen gemacht?
c) Welches dieser Zitate zeigt, wie Wilhelm Tell zu den Absichten steht, die Stauffacher durch sein Gespräch in I,3 verfolgt?

(1) „Der brave Mann denkt an sich selbst zuletzt [...]." (V. 139)
(2) „Das schwere Herz wird nicht durch Worte leicht." (V. 418)
(3) „Dem Friedlichen gewährt man gern den Frieden." (V. 428)
(4) „Beim Schiffbruch hilft der Einzelne sich leichter." (V. 433)
(5) „Verbunden werden auch die Schwachen mächtig." (V. 436)
(6) „Der Starke ist am mächtigsten a l l e i n ." (V. 437)
(7) „Ich kann nicht lange prüfen oder wählen." (V. 443)

2. Welche Charaktereigenschaften und Einstellungen von Wilhelm Tell lassen sich aus diesen Zitaten ableiten? Notiere und tausche dich mit deinem Nachbarn aus.

3. Verfasse eine Charakterisierung von Wilhelm Tell. Schreibe im Präsens und beachte dabei folgenden Aufbau:

1. Einleitung:	Nennen von Autor, Titel und Textart des Werkes Bedeutung der Figur innerhalb des Werkes
2. Hauptteil:	Angaben zu äußerer Erscheinung, Alter, Familie, sozialer Stellung etc. Angaben zu Charakter, Verhalten, Ansichten der Figur Einschätzung durch andere Figuren Veränderungen der Figur im Verlauf der Handlung Stelle deine Erkenntnisse mit eigenen Worten dar. Belege Behauptungen mithilfe geeigneter Textstellen und achte dabei auf die richtige Zitierweise. Gefragt ist hier nicht deine eigene Meinung über die Figur, sondern eine sachliche, nachvollziehbare Darstellung.
3. Schlussteil:	Kurze Zusammenfassung des Charakters der Figur, ggf. kurze subjektive Bewertung

4. Viele dieser Sprichwörter sind inzwischen zu geflügelten Worten oder Redensarten geworden. Suche dir ein Zitat aus und bearbeite anschließend die Arbeitsaufträge.
a) Formuliere die Aussage des Zitats in eigenen Worten. In welchen Situationen kann man das Zitat verwenden?
b) Nimm Stellung zu dem Zitat und begründe deinen Standpunkt. Mache dir zunächst Notizen, formuliere deine Stellungnahme anschließend aus.

RUDENZ UND ATTINGHAUSEN

1. Weshalb möchte Rudenz lieber in Altdorf auf der Herrenburg leben und nicht auf dem Edelhof seines Onkels, den er einmal erben wird? Kreuze zutreffende Aussagen an.

- ◯ Er möchte sich deutlicher vom Volk abheben.
- ◯ Er möchte der Tyrannei der Vögte entkommen.
- ◯ Er möchte zum „Bauernadel" gezählt werden.
- ◯ Er hat sich in eine adlige Dame verliebt.
- ◯ Es drängt ihn nach ruhmvollen Taten im Krieg und auf Turnieren.
- ◯ Ihm ist es bei seinem Onkel zu langweilig.

2. Was geht Rudenz und Attinghausen bei ihrer Auseinandersetzung in II,1 wohl durch den Kopf? Führe die Sätze weiter.

Rudenz:

„Mein Onkel ist ______________________________

„Ich wünschte, er ______________________________

„Manchmal denke ich ______________________________

Attinghausen:

„Mein Neffe ist ______________________________

„Ich wünschte, er ______________________________

„Manchmal denke ich ______________________________

3. Arbeite die Unterschiede zwischen Rudenz und Attinghausen heraus.

	Rudenz	Attinghausen
Kleidung		
Einstellung zum Volk		
Wertvorstellungen		
Vorstellungen hinsichtlich der Zukunft des Landes		

FIGURENKONSTELLATIONEN

1. Wer steht wie zu wem? Lies den Text und ordne mithilfe der grafischen Darstellung den Zahlen die entsprechenden Personen zu. Beantworte dann die folgenden Fragen.

Sepp, Michel und Peter stammen aus dem gleichen Dorf und sind enge Freunde. Gustel und Urs, die sich gegenseitig gar nicht mögen, wären auch gerne mit Sepp befreundet, Sepp mag aber weder Urs noch Gustel, eigentlich Gustel noch weniger als Urs. Dafür mag Sepp Lina besonders gerne, Lina lässt ihn jedoch links liegen. Liese und Lotta sind ebenfalls eng befreundet. Lotta hat sich in Michel verliebt und redet die ganze Zeit nur noch von ihm.

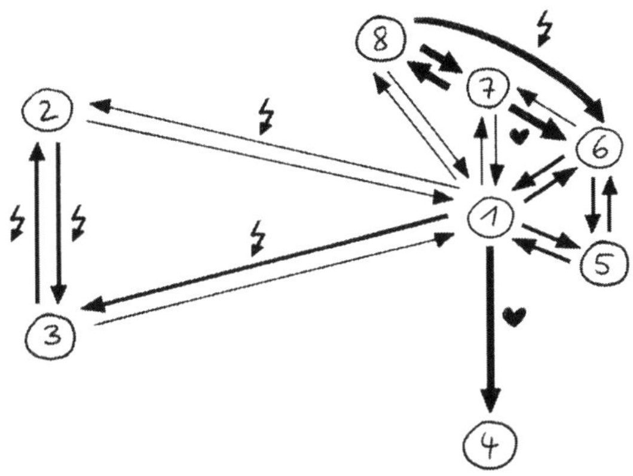

(1) ____________ (5) ____________

(2) ____________ (6) ____________

(3) ____________ (7) ____________

(4) ____________ (8) ____________

· Wer ist die / der Beliebteste? ____________

· Wie kommen Liese und Lotta mit Sepp aus? ____________

· Wie findet Liese Michel? ____________

· Erwidert Michel Lottas Gefühle? ____________

2. Bei grafischen Darstellungen von Figurenkonstellationen kommt es auf jedes Detail an. Verbinde die Angaben mit den entsprechenden Fragen.

Richtung der Pfeile	•	•	Von welchen Figuren ist die Rede?
Dicke der Pfeile	•	•	Wie nahe stehen sich die Figuren?
Symbole auf den Pfeilen	•	•	Besteht zwischen den Figuren eine Beziehung?
Verbindung durch Pfeile	•	•	Wie stark ist die Beziehung?
Entfernung der Punkte zueinander	•	•	In welche Richtung geht die Beziehung?
Namen der Figuren	•	•	Welcher Art ist die Beziehung?

3. Stellt für eine der beiden vorgegebenen Situationen die Figurenkonstellationen grafisch dar. Arbeitet in Kleingruppen von maximal vier Schülern zusammen.

Situation 1: Rudenz verlässt seinen Onkel, um sich fortan auf der Herrenburg in Altdorf aufzuhalten. (II,1)
Situation 2: Rudenz und Bertha bitten um Aufnahme in den Bund. (V,3)

DER RÜTLISCHWUR (1)

1. Die folgende Darstellung zeigt die zentrale Szene des Rütlischwurs. Beantworte die Fragen. Schreibe auf die Linien.

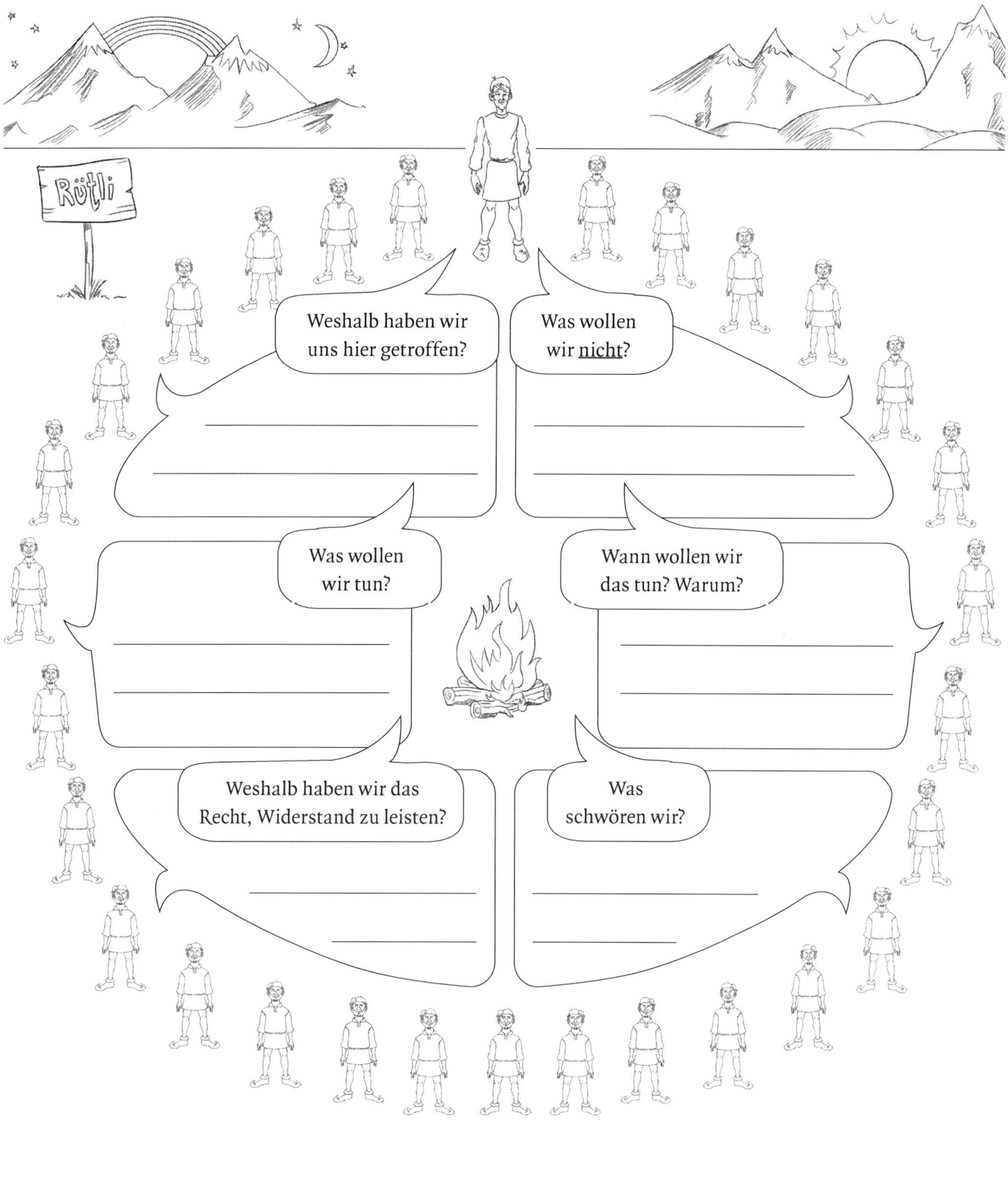

2. Lest die Szene auf dem Bild in verteilten Rollen. Spielt die Szene nach.

DER RÜTLISCHWUR (2)

1. Walther Fürst, Werner Stauffacher und Melchthal repräsentieren in der Szene II,2 die Urschweiz. Schiller hat die Figuren sehr bewusst für ihre Aufgabe gestaltet. Belege diese These mithilfe des Textes. Tipp: Beachte ihr Alter und ihre Herkunft.

2. Die Männer treffen sich nachts auf einer Wiese, sehen bei ihrer Ankunft einen Mondregenbogen und beenden die Zusammenkunft in dem Moment, als die Sonne aufgeht. Beschreibe und interpretiere die Kulisse der Szene. Nimm folgende Texte zu Hilfe.

Der Begriff der „Aufklärung" bezeichnet eine Geistesbewegung, die sich über ganz Europa erstreckte (in Deutschland ca. 1730–1790). Einige Vordenker und Philosophen (z. B. Immanuel Kant) forderten die Menschen auf, selbstständig zu denken und vernünftig miteinander umzugehen. Dies galt als Voraussetzung für eine bessere und gerechtere Welt. Das Symbol der Aufklärung ist eine aufgehende Sonne. Sie steht für die Abkehr von mittelalterlichem Aberglauben, von Fremdbestimmung hin zu einer hellen Wahrheit und neuen Ordnung.

Walther Fürst:
So müssen wir auf unserm eignen Erb'
Und väterlichen Boden uns verstohlen
Zusammen schleichen wie die Mörder tun,
Und bei der Nacht, die ihren schwarzen Mantel
Nur dem Verbrechen und der sonnenscheuen
Verschwörung leihet, unser gutes Recht
Uns holen, das doch lauter ist und klar,
Gleichwie der glanzvoll offne Schoß des Tages.
(V. 1098–1105)

Das Motiv des Regenbogens findet sich auch in der Bibel: Durch Gottes Hilfe entkommt Noah mit den Tieren der großen, von Gott geschickten Sintflut. Als das Wasser zurückgeht, schickt Gott einen Regenbogen: „Und Gott sprach: Das ist das Zeichen des Bundes, den ich geschlossen habe zwischen mir und euch [...] auf ewig." (1. Mose 9,12)

3. Henriette von Knebel, eine Zeitgenossin Schillers, besuchte die Uraufführung des Schauspiels „Wilhelm Tell". In einem Brief berichtet sie ihrem Bruder davon. Lies den Briefausschnitt und beantworte anschließend die Fragen.

a) Wie beurteilt Frau von Knebel die Szene?

b) Bist du auch der Meinung, dass man den Dialog kürzen könnte? Was könnte deiner Meinung nach wegfallen, was muss auf jeden Fall erhalten bleiben?

c) Warum hat Schiller die Szene wohl so ausführlich gestaltet?

„Die Geschichte von Tell selbst ist, dünkt mich, für sich [...] interessant genug, und es war durch die Dekoration [dafür] gesorgt, [...] uns recht in die Schweiz zu versetzen. [...] Fragst du [...] nach den Dialogen, so muss ich mit Seufzen antworten: zu lang, viel zu lang! [...]. Im zweiten Akt der lange Bund der Eidgenossenschaft, wobei in Wirklichkeit nicht der dritte Teil von Worten nötig war [...]."

Karl Ludwigs von Knebels Briefwechsel mit seiner Schwester Henriette. Zit. nach: FRIEDRICH HEBBEL: Sämmtliche Werke. Zwölfter Band. Kritiken. Literaturbriefe. Erste kritische Arbeiten. Bunte Aufsätze. Hamburg: Hoffmann und Campe 1867, S. 24 f.

TELL UND HEDWIG

1. Welche der folgenden Aussagen treffen deiner Meinung nach auf eine gute Ehe zu? Kreuze an.

	Trifft zu	Trifft nicht zu
Jeder der beiden Ehepartner hat seine Bereiche, für die er allein zuständig ist (z. B. Frau: Haushalt; Mann: handwerkliche Arbeiten).	○	○
Einer der beiden Ehepartner hat das Sagen.	○	○
Ängste und Befürchtungen werden frei ausgesprochen.	○	○
Der Partner geht auf die Ängste und Befürchtungen des anderen ein und hilft ihm, diese zu überwinden.	○	○
Die Kinder dürfen frei entscheiden, was sie tun wollen.	○	○

2. Beurteile die Ehe von Tell und Hedwig (III,1). Welche Aussagen aus der Tabelle treffen zu?

3. Kannst du Hedwigs Bedenken verstehen? Begründe deine Meinung.

4. Wie reagiert Tell auf Hedwigs Bedenken? Was sagt dies über seinen Charakter aus?

5. Bildet Zweiergruppen und bearbeitet einen der folgenden Arbeitsaufträge. Füllt als Vorarbeit die unten dargestellte Tabelle aus.
a) Hedwig trifft sich eine Stunde später mit ihrer Schwester. Sie erzählt, inwiefern sie mit ihrer Beziehung zufrieden bzw. unzufrieden ist, und erklärt, wie sie sich Tell wünscht. Versetzt euch in Hedwig und ihre Schwester und schreibt die Szene in Dialogform auf. Denkt auch an Regieanweisungen zu Mimik und Gestik. Führt die Szene anschließend der Klasse vor.
b) Tell erzählt Hedwig von dem Treffen mit Geßler im Schächental (V. 1548–1570). Versetzt euch in Tell bzw. Geßler in dieser Situation und schreibt die Szene in Dialogform auf. Denkt auch an Regieanweisungen zu Mimik und Gestik. Führt die Szene anschließend der Klasse vor.

Beteiligte Figuren:		
So fühlt sich diese Figur in der Szene:		
Diese Gestik passt zu dem Gefühl:		
Diese Mimik passt zu dem Gefühl:		

GESPRÄCHSANALYSE: TELL UND HEDWIG

1. Ordne die Textstelle III,1 (V. 1480 – 1580) in den Handlungszusammenhang ein.

2. In literarischen Texten haben sprachliche und formale Besonderheiten meistens eine Bedeutung. Welchen der hier aufgeführten Interpretationen kannst du zustimmen? Kreuze an.

Besonderheiten	Interpretation
Tell argumentiert mit allgemeinen Lebensweisheiten: „Früh übt sich ...“, „Wer frisch umherspäht ...“, „Ein jeder wird besteuert nach ...“, „Wer gar zu viel bedenkt ...“	○ (1) Dies unterstreicht, dass er auf seine eigenen Fähigkeiten und die Gerechtigkeit der Natur und der Gesellschaft vertraut.
	○ (2) Dies unterstreicht, dass er aufgrund seiner eigenen Lebenserfahrung Gefahren sehr gut abschätzen kann.
Hedwig äußert wiederholt Bedenken: Das frühe Hantieren ihrer Kinder mit Waffen, die Gefahren, denen Tell in den Bergen ausgesetzt ist, die Beschlüsse auf dem Rütli und Tells Handeln bei der Rettung Baumgartens ängstigen sie.	○ (3) Dies zeigt, dass sie von Natur aus eine sehr ängstliche Frau ist. Daher ist es richtig und gut für sie, dass Tell ihre Bedenken zerstreut.
	○ (4) Dies zeigt, dass sie einen Sinn für wahre Gefahrensituationen hat.
Wilhelm Tell spricht etwa genauso viel wie seine Frau.	○ (5) Dies zeigt, dass Wilhelm und Hedwig gleichberechtigte Ehepartner sind, die gemeinsam Entscheidungen treffen.

3. Bildet Kleingruppen und untersucht die Szene genauer. Beachtet dabei folgende Aspekte:

Aufbau des Textes	Kann man den Text inhaltlich in Abschnitte unterteilen? (z. B.: Stimmungsumschwung, neues Thema, ein neuer Gesprächsteilnehmer kommt hinzu)
Sprechabsicht	Welches Ziel verfolgen die Sprechenden jeweils?
Taktik der Sprecher	Wie versuchen sie, diese Ziele zu erreichen? (z. B.: wiederholte Vorwürfe; Beleidigungen mit dem Ziel, den anderen aus der Ruhe zu bringen) Erreichen sie ihre Ziele?
Eingehen auf Gesprächspartner	Inwieweit / Wie gehen die Sprechenden aufeinander ein?
Bedeutung des Dialogs für die Handlung	Inwiefern ist der Dialog für die Handlung von Bedeutung? (z. B.: Er macht nochmals die verschiedenen Auffassungen zweier Figuren deutlich. Er stellt den Beginn eines Konflikts dar. Die hier getroffene Entscheidung beeinflusst das Geschehen der weiteren Handlung. Inwieweit? Stellt dies einen Wendepunkt dar? Wird die letzte Möglichkeit vertan, der Handlung eine positive Wende zu geben?)
Sprachliche Mittel	Welche sprachlichen Mittel sind auffällig? (z. B.: elliptischer Satzbau, Ausrufe, Wiederholungen, Häufung von Fragen) Was sagen die verwendeten sprachlichen Mittel über die Verfassung des Sprechenden aus?

4. Besprecht eure Ergebnisse in der Klasse und begründet eure Entscheidung.

BERTHA UND RUDENZ

1. Rudenz gesteht Bertha seine Liebe (III,2). Beschreibe ihre Reaktion.

2. Welche Gründe hat Bertha für ihre Vorwürfe und Forderungen? Kreuze zutreffende Aussagen an.

- ◯ Sie schätzt das einfache Volk.
- ◯ Sie liebt Rudenz, findet aber, dass er sich falsch verhält.
- ◯ Sie liebt einen anderen Mann und überlegt, ob Rudenz eine Alternative wäre.
- ◯ Sie möchte nicht mehr auf dem Gebiet der Waldstätten leben.
- ◯ Sie möchte nicht mit einem Mann verheiratet werden, den sie nicht liebt.
- ◯ Sie befürchtet, dass man bei Hofe auf ihr Erbe aus ist.
- ◯ Sie befürchtet, dass Rudenz auf ihr Erbe aus ist.

3. Unterstreiche in den Sätzen oben, wovor Rudenz Bertha – wie sie wörtlich sagt – „retten“ kann.

4. Wie fühlt Rudenz sich wohl nach Berthas Ausführungen? Bedenke, was er bereits alles getan hat, um Bertha für sich zu gewinnen.

5. Rudenz stellt sich vor, wie er in Zukunft mit Bertha in seiner Heimat leben wird. Lies die Textstelle Vers 1679 – 1689 genau durch und zeichne eine Skizze von dem Bild, das Rudenz entwirft.

DER APFELSCHUSS

Ein Zeitungsreporter kommt auf den Platz, als Tell gerade abgeführt wird und die Leute noch zusammenstehen (III,3). Der Reporter möchte herausfinden, was passiert ist.

1. Finde zehn Fragen, mit denen der Reporter herausfinden kann, was sich in Szene III,3 zugetragen hat. Er darf nur Fragen stellen, die mit „Wer“, „Wo“, „Wie“, „Wann“, „Was“, „Warum“ und „Welcher / Welche / Welches“ beginnen. Fragen, die sich auf das gesamte Geschehen beziehen, wie z. B. „Was ist geschehen?“, darf er nicht stellen. Formuliere auch die Antworten.

2. Der Reporter hat noch zwei weitere Fragen. Beantworte sie.
a) Als die Wachen Tell festgenommen haben, soll Tell gesagt haben: „Ich helfe mir schon selbst. Geht, gute Leute, meint ihr, wenn ich die Kraft gebrauchen wollte, ich würde mich vor ihren Spießen fürchten?“ Jeder normale Mensch hätte in dieser Situation Angst gehabt. Wie kommt es, dass Tell keine Angst hatte?
b) Jemand sagte, Tell stand „in fürchterlichem Kampf, mit den Händen zuckend, und die rollenden Augen bald auf den Landvogt, bald zum Himmel gerichtet“, als er auf seinen Sohn schießen sollte. Sie kennen Tell besser als ich. Was ging denn da in ihm vor?

3. Der Reporter interviewt die Zeugen Bertha, Walther Fürst, Stauffacher, Pfarrer Rösselmann, Melchthal, Walther Tell und Rudenz. Versetze dich in die Figuren und beantworte seine Frage. Lies im Drama nach.

Journalist: Mit welcher Taktik haben Sie versucht, den Vogt davon zu überzeugen, seinen Befehl zurückzunehmen?

4. Schreibe einen Zeitungsbericht für ein Boulevardblatt. Die Zeitung ist bisher noch nicht durch kritische Äußerungen dem Vogt oder dem Kaiser gegenüber auffällig geworden und ist deshalb noch nicht der Zensur unterworfen.

5. Zeichne ein passendes Bild für deinen Zeitungsbericht. Finde auch eine geeignete Bildunterschrift.

i

Aufbau eines Zeitungsberichts
- Groß geschriebene, „reißerische“ Schlagzeile, die den Leser auf den Bericht aufmerksam macht
- Unterschlagzeile, die das Ereignis in Stichpunkten benennt
- Kurzer einführender Absatz, der die W-Fragen Was? Wer? Wo? Wann? Wie? beantwortet
- Bericht, in dem das Ereignis sachlich, objektiv und ausführlich geschildert wird

DIE HOHLE GASSE

In Szene IV,1 kündigt Tell ein Vorhaben an: „Ist es getan, wird's auch zur Rede kommen." (V. 2301). Der Zuschauer erfährt nicht, was „es" ist, und wartet gespannt auf den Fortgang der Handlung. Als Tell wieder auftritt (IV,3), führt er ein langes Selbstgespräch (Monolog).

1. Welche Neuigkeiten erfahren die Zuschauer durch den Monolog? Formuliere deine Antwort so knapp wie möglich.

2. Vor wem und wie rechtfertigt Tell sein Vorhaben in Vers 2591–2597 und Vers 2623–2635?

3. Ordne Tells Monolog einem der drei Monologtypen zu. Markiere und begründe deine Entscheidung.

Konfliktmonolog	Reflexionsmonolog	Affektmonolog
Die Figur steht in einem Konflikt, in dem sie sich entscheiden muss. Sie ringt dabei mit sich selbst und wägt z. B. Vor- und Nachteile ihres Handlungsvorhabens oder ihre moralische Überzeugung gegen das Handlungsvorhaben ab. Am Ende trifft sie in der Regel eine Entscheidung.	Die Figur begründet und rechtfertigt einen Entschluss, eine durchgeführte Handlung oder ein Handlungsvorhaben mit Argumenten. Sie denkt über eine zukünftige, gegenwärtige oder bereits geschehene Situation nach. Im Gegensatz zum Affektmonolog ist der Reflexionsmonolog meist sehr rational.	Die Figur verleiht ihren Gefühlen (oft sehr überschwänglich) Ausdruck und gibt dem Zuschauer so ihren inneren Zustand preis. Es finden sich meist sprachliche Mittel, die die Emotionalität unterstreichen, wie Ausrufe, elliptischer Satzbau etc.

4. Bewegung, Gestik und Mimik machen den langen Monolog spannend. Schiller hat an dieser Stelle jedoch kaum Regieanweisungen gegeben. Bildet Kleingruppen von drei Personen. Ergänzt weitere Regieanweisungen und setzt diese anschließend szenisch um.

Geht dabei folgendermaßen vor:
a) Lest den Text aufmerksam durch.
b) Versetzt euch in die Figur hinein.
c) Überlegt, wie sich die Figur wohl fühlt und was sie tut, um ihren Überlegungen Ausdruck zu verleihen.

5. Schreibt den Monolog in einen Dialog um. Erfindet dafür einen Gesprächspartner, der nach jedem Absatz Gegenargumente einbringt, die Tell wiederum mit Argumenten entkräftet.

FRAUENFIGUREN IN „WILHELM TELL“

Bertha von Bruneck, Gertrud Stauffacher, Hedwig Tell und Armgart – im Vergleich zu den vielen männlichen Rollen gibt es nur wenige Frauen, die im Drama „Wilhelm Tell“ auftreten und eine eigene Meinung vertreten.

Lies den Text. Unterstreiche die Aspekte, die deiner Meinung nach zentral sind.

Im Mittelalter waren Frauen und Männer nicht gleichgestellt. Während die Männer das politische und gesellschaftliche Leben bestimmten, wurden die Frauen dazu erzogen, sich den häuslichen Aufgaben zu widmen.

Einfache Frauen übten keinen Beruf aus, sie kümmerten sich um die Kinder und den Haushalt. Starb der Ehemann, waren sie in der Regel auf die Unterstützung von Verwandten angewiesen.

Junge Frauen des niederen Adels wurden zunächst im Kloster erzogen, bevor sie als Hofdame ausgebildet wurden. Sie erhielten Unterricht in gesellschaftlichem Verhalten, Handarbeiten (z. B. Sticken), Musizieren, häuslichen Arbeiten und bisweilen auch im Lesen und Schreiben.

Die Verheiratungen höherer adliger Töchter wurden meist schon im Kindesalter arrangiert, wenn sich daraus ein politischer Vorteil oder auch wichtige verwandtschaftliche Beziehungen ergaben. Brachte die potenzielle Braut eine hohe Mitgift mit, war sie auf dem Heiratsmarkt attraktiver, denn darüber verfügte nach der Hochzeit der Ehemann. Die Dame des Adels kümmerte sich um Hausgesinde und Kinder und organisierte die häuslichen Arbeiten. Sie umgab sich meist mit ihren Hofdamen. Für sie gab es nur wenige gesellschaftliche Anlässe. Waren die Ritter unterwegs oder starben, so war die Frau die Verwalterin des Besitzes und leitete sogar die Verteidigung der Burg im Falle eines Angriffes.

2. Lies die folgenden beiden Standpunkte und überprüfe, inwieweit Schillers Frauenfiguren dem tatsächlichen mittelalterlichen Frauenbild entsprechen. Untersuche jede der Frauen einzeln und nimm begründet zu den Zitaten Stellung. Tragt die Ergebnisse anschließend im Plenum zusammen.

Schiller war nicht gerade ein Vorreiter der Emanzipationsbewegung [...] Leserinnen und Zuschauerinnen [...] suchen vergeblich nach einer Heldin, in der sie sich wiederfinden können. [...] Keine der Frauen hat eine eigene Identität, alle sind ausschließlich durch ihre Beziehung zu Männern definiert. Und: Die Frauen im Umkreis der mutigen Schweizer Staatsgründer sind ziemliche Heimchen. Sie sind fixiert auf die klassische Rolle als Hausfrau und Mutter, besorgt um das Wohlergehen des Ehemanns.

Von Monika Weiner in P. M. HISTORY 6/2000

Die Frauen im Drama „Wilhelm Tell“ sind sehr starke Persönlichkeiten, die aus ihrer Rolle, die Frauen im Mittelalter normalerweise zukam, heraustreten. Durch ihre Taten und Handlungen beweisen sie Intelligenz und Mut, verfügen über politischen Weitblick und treiben die Handlung entscheidend voran.

3. Wähle aus den beiden Szenen III,1 (Hedwig und Wilhelm Tell unterhalten sich) und IV,3 (Armgart wirft sich vor Geßler auf den Boden) eine Szene aus. Schreibe sie so um, dass sie von einer modernen, emanzipierten Frau handelt, deren Anliegen am Ende berücksichtigt wird. Achte dabei auch auf die Regieanweisungen.

DER WEG ZUR FREIHEIT

1. Die gleiche Situation wird auf den folgenden drei Bildern jeweils unterschiedlich vermittelt.
a) Welches der drei Bilder stellt das bühnentechnische Stilmittel des „Botenberichts" dar? Welches das der „Mauerschau"? Begründe deine Ansicht.
b) Ergänze die Tabelle mithilfe der Bilder.

A

B

C

	Botenbericht	Mauerschau
Definition		
In diesen Fällen würde ich das Stilmittel einsetzen		

2. Für welche Art der Vermittlung entschied sich Friedrich Schiller bei folgenden Handlungselementen? Überlege, warum er sie wohl nicht als tatsächliche Handlung darstellte.

a) Tells Flucht (IV,1)

Art der Vermittlung: ______________________________

b) Die Zerstörung der beiden Festungen (V,1)

Art der Vermittlung: ______________________________

c) Berthas Befreiung (V,1)

Art der Vermittlung: ______________________________

d) Die Ermordung von König Albrecht (V,1)

Art der Vermittlung: ______________________________

3. Zeichne einen Comic, der die Ereignisse vom Weggang der beiden Männer Melchthal und Rudenz nach Attinghausens Tod (IV,2) bis zur Rückkehr von Melchthal (V,1) zum Inhalt hat. Achte dabei vor allem auf die Figuren Melchthal, Diethelm und Rudenz. Ersetze die Passagen, die im Drama indirekt vermittelt werden, durch die tatsächliche Handlung.

ZWEI MÖRDER IM VERGLEICH (V,2)

1. Vergleiche die beiden Taten von Wilhelm Tell und Johannes Parricida. Ergänze die Tabelle.

	Wilhelm Tell	Johannes Parricida
Tat		
Verhalten nach der Tat		
Was sagt das Verhalten über den Täter aus?		
Tatmotiv(e)		
Wie beurteilt Parricida die beiden Morde im Vergleich?		
Wie beurteilt Tell die beiden Morde im Vergleich?		

2. Die Parricida-Szene wurde häufig kritisiert. Worauf zielt die folgende Kritik ab? Wie stehst du zu der Aussage? Begründe deine Meinung.

Die Erscheinung des Parricida befremdete mich; was mit ihm vorgeht, gab mir ein Missgefühl. Es schien mir, als übe Tell sich zu hart. Es führte mich von der Sache weg.
Überhaupt konnte und kann ich des Gedankens mich nicht erwehren, Parricida sollte gar nicht erscheinen und es sollte überall Tells Wohnung im fünften Akte nicht da sein. Man wird aus dem Großen gleichsam ins Detail geführt, und es ist mir, als ginge die Empfindung diesen Gang mit Widerstreben.

AUGUST WILHELM IFFLAND. In: Norbert Oellers (Hg.): Schillers Werke. Nationalausgabe. Bd. 10. Weimar 2003, S. 458.

3. Das Drama würde auch ohne die Parricida-Szene funktionieren. Weshalb schiebt Schiller sie dennoch ein?

TELL VOR GERICHT

Aufgrund der neuen demokratischen Grundordnung führen die Eidgenossen Gerichte ein, die auch ohne den König Entscheidungen treffen können. Gegen Wilhelm Tell wird Anklage erhoben, weil er einen Menschen getötet hat.

1. Bereitet euch in Dreiergruppen auf eine der folgenden Rollen in der Gerichtsverhandlung vor. Nur einer nimmt an der Verhandlung teil. Folgende Fragen können euch bei der Vorbereitung helfen:
- **Was kann man Tell vorwerfen?**
- **Welche Schuld hat er?**
- **Trägt noch jemand Schuld?**
- **Wie lautet das Strafmaß am Ende?**

Der Richter eröffnet und leitet die Gerichtsverhandlung, ruft die Personen auf.

Vorbereitung: Überlegt euch gemeinsam, wie ihr die Verhandlung leiten werdet, in welcher Reihenfolge ihr das Wort erteilt, wie ihr euch Ruhe verschafft etc.

Der Staatsanwalt erhebt die Anklage, verliest die Begründung für die Anklage, stellt dem Angeklagten und den Zeugen Fragen.

Vorbereitung: Schreibt die Anklage: Was genau wird Tell vorgeworfen? Begründet die Anklage. Überlegt euch Fragen an die Zeugen.

Der Verteidiger verteidigt den Angeklagten Wilhelm Tell, stellt den Zeugen Fragen, hat das Schlusswort vor der Urteilsfindung, wenn Tell das Schlusswort nicht sprechen will.

Vorbereitung: Welche Anklage könnte der Staatsanwalt verlesen, wie könnte man dagegen argumentieren? Überlegt euch Fragen an die Zeugen. Macht euch während der Verhandlung Notizen für ein eventuell zu sprechendes Schlusswort.

Der Angeklagte wird vom Staatsanwalt befragt, hat das Schlusswort vor der Urteilsfindung, wenn er möchte, kann er es auch an den Verteidiger delegieren.

Vorbereitung: Welche Anklage könnte der Staatsanwalt verlesen, wie könnte man dagegen argumentieren? Macht euch während der Verhandlung Notizen für ein eventuell zu sprechendes Schlusswort.

5 Zeugen werden von Staatsanwalt und Verteidiger einzeln befragt, müssen die Wahrheit sprechen:
- der Söldner Frießhardt,
- der Söldner Leuthold,
- Geßlers Stallmeister Rudolph der Harras,
- Werner Stauffacher aus Schwyz,
- Arnold vom Melchthal aus Unterwalden.

Vorbereitung: Wozu könnt ihr etwas sagen? Ihr könnt euch mit eurer Gruppe auch während der Verhandlung absprechen.

3 Geschworene müssen der Gerichtsverhandlung genau folgen und sich Notizen machen. Sie entscheiden nach der Gerichtsverhandlung innerhalb von drei Minuten über das Strafmaß und begründen ihre Entscheidung.

Vorbereitung: Lest euch die Definitionen von Mord, Notwehr und Totschlag besonders genau durch.

2. Bist du mit dem Strafmaß einverstanden? Begründe deine Meinung.

3. Fasse den Verlauf der Gerichtsverhandlung als Ergebnisprotokoll zusammen.

i

Ergebnisprotokoll
1. Protokollkopf (Datum, Zeit, Ort, Art der Veranstaltung, Anwesende)
2. Sachliche Wiedergabe der Inhalte und Beschlüsse der Verhandlung Es werden nicht die einzelnen Redebeiträge notiert, sondern sie werden in der Reihenfolge der behandelten Tagesordnungspunkte zu Kerninhalten zusammengefasst.
3. Unterschrift des Protokollanten

TELL – EIN FREIHEITSKÄMPFER?

1. Diskutiert den kurzen Dialog unter folgenden Gesichtspunkten:
- **Wann darf man sich eurer Meinung nach gegen wen wehren?**
- **Mit welchen Mitteln?**
- **Unter welchen Umständen darf man jemanden töten? Oder darf man dies überhaupt nicht?**

Boah ey, den Typen hätt' ich aber auch abgeballert!
Echt? Kannst doch nicht einfach niederknüppeln, wen du willst ...
Hey, der hat die alle geknechtet. Der Tell wollte doch nur seine Ruhe.
Immerhin, gecheckt hast du's ja. Aber umlegen geht gar nicht.
Ach nee? Wie weit dürfen die denn gehen bei dir?

2. Nach Tells Tat spricht Stauffacher zum Volk. Lest den Textausschnitt und diskutiert die folgenden Punkte:
- **Ist Tell durch seine Tat der Stifter der Freiheit für alle bzw. der Retter des Volkes geworden?**
- **Betrachtet nur die Aussage „nach seinem Hause wallen“: Wie sehen die Menschen Wilhelm Tell?**

„Wo ist der Tell? Soll Er allein uns fehlen,
Der unsrer Freiheit Stifter ist? Das Größte
Hat e r getan, das Härteste erduldet,
Kommt alle, kommt, nach seinem Haus zu wallen,
Und rufet Heil dem Retter von uns allen.“
(V. 3083 ff.).

3. Informiert euch über die unten genannten Personen und Organisationen und beantwortet die Fragen.

a) Gegen wen oder was richtete / richtet sich ihr Widerstand?
b) War / Ist sie bereit, auch Gewalt einzusetzen? Welche Art von Gewalt?
c) Kannst du ihr Anliegen / ihr Vorgehen nachvollziehen?
d) Gab / Gibt es eine Alternative zu ihrer Art des Widerstandes?
e) Kann man die Absicht der Eidgenossen mit ihrer vergleichen?

Ernesto Che Guevara, Argentinien.

Die Palästinensische Befreiungsorganisation PLO, Israel / Palästina.

Graf von Stauffenberg, Deutschland.

Die baskische Separatistenbewegung ETA, Spanien.

The Irish Republican Army IRA, Irland.

Rote Armee Fraktion RAF, Deutschland.

Mahatma Gandhi, Indien.

Nelson Mandela, Südafrika.

Martin Luther King, USA.

3. SPRACHE UND STIL

EINFÜHRUNG

Nachdem Gotthold Ephraim Lessing den Blankvers von Shakespeare übernommen und in seinem Drama „Nathan der Weise" 1779 erstmalig verwendet hatte, fand diese Versform relativ zügig Verbreitung in deutschen Dramen.

Im Gegensatz zu dem zuvor in deutschen Dramen üblichen Versmaß des Alexandriners (gereimter sechshebiger Jambus mit Mittelzäsur), der oft sehr gekünstelt und monoton wirkt, bietet der in der Gestaltung variablere Blankvers (reimloser fünfhebiger Jambus) dem Dichter mehr Variationsmöglichkeiten. So fordert der Blankvers beispielsweise keine Zäsur in der Mitte des Verses, Pausen sind prinzipiell nach jedem Wort möglich. Durch den Einsatz zusätzlicher Kunstgriffe wie z. B. Enjambements oder Sprecherwechsel innerhalb einer Zeile kann sich die Versform sogar der Prosaform annähern. Die sprachliche Form wirkt lebendiger und freier, sie kann besser an verschiedene Situationen angepasst werden als der relativ starre Alexandriner.

Bevor Sie mit Ihren Schülern den ihnen vermutlich bisher noch unbekannten Blankvers erarbeiten, bietet es sich jedoch an, mithilfe der ersten Kopiervorlage dieses Kapitels zunächst die Grundlagen der Lyrik zu wiederholen. Die Erfahrung zeigt, dass eine Vielzahl von Schülern dazu neigt, die Grundbegriffe der Lyrik (z. B. „Versfuß", „Versmaß" ...) sehr schnell zu vergessen oder zumindest zu verwechseln. Vermutlich führt das „Zerpflücken" von Gedichten in ihre allerkleinsten Einheiten zu der von Schülern oft vertretenen Meinung, das Befassen mit Lyrik sei sehr trocken und damit sehr uninteressant. Lassen Sie Ihre Schüler daher unbedingt selbst einige Blankverse verfassen, um ein rein theoretisches und damit abstraktes Vorgehen zu vermeiden.

Lernziele

- Die Schüler wiederholen die Grundbegriffe der Lyrik.
- Sie erkennen, welche Variationsvielfalt der Versform des Blankverses innewohnt, und sind in der Lage, selbst einige Blankverse zu verfassen.
- Die Schüler benennen in ausgewählten Beispielen den Zusammenhang zwischen formaler Gestaltung und transportiertem Inhalt.

■ Zur Kopiervorlage Seite 58: DER BLANKVERS

Auf dieser Kopiervorlage werden zunächst die bekanntesten Versfüße wiederholt. Anschließend bestimmen die Schüler induktiv das Versmaß des Dramas. Indem sie versuchen, eigene Blankverse zu verfassen, erfahren sie, welch hohe Kunst es ist, ein ganzes Drama in Blankversen zu schreiben („Wilhelm Tell" umfasst mehr als 3000 Verse).

Lösung

Aufgabe 1
Abendständchen: vierhebiger Trochäus; Kreuzreim (abab)
Abendlied: dreihebiger Jambus, letzter Vers der Strophe vierhebig; Schweifreim (aabccb)
Würde der Frauen: vierhebiger Daktylus; Schweifreim (aabccb), mit einem unreinen Reim

Aufgabe 2
Es handelt sich hier um einen <u>5</u>-hebigen <u>Jambus</u>.
Reimschema: <u>keines</u>

Weiterführende Anregung

Die Schüler können eigene Blankverse verfassen. Folgender Inhalt sollte als Grundlage verwendet werden: Bertha und Rudenz beschließen zu heiraten. Sie überlegen, wen sie zur Hochzeit einladen und wo sie das Fest austragen wollen. Des Weiteren reden sie über das Essen, das aufgetischt werden soll.

Natürlich können weitere Details von den Schülern hinzuerfunden werden.

■ Zur Kopiervorlage Seite 59: VARIATIONEN DES BLANKVERSES

Die Kopiervorlage „Der Blankvers" wird hier fortgeführt. Indem die Schüler Variationsmöglichkeiten des Blankverses kennenlernen, erkennen sie, dass Schiller das Drama sprachlich sehr bewusst gestaltet hat. Der Zusammenhang zwischen Form und Inhalt wird erarbeitet.

Lösung

Text A: a) Tell berichtet Hedwig von seiner Begegnung mit Geßler. – b) V 2 – c) Der Bericht von der Begegnung zwischen Tell und Geßler wirkt so spannender und lebendiger.
Text B: a) Fischerknabe singt in der Eröffnungsszene. – b) V 3, V 4 – c) Die Idylle wird durch die Verwendung eines Volksliedes und die Übernahme seines Reimschemas und seiner Silbenzahl unterstrichen.
Text C: a) Rudenz fällt Geßler in der Apfelschuss-Szene ins Wort. – b) V 1 – c) Die Dreistigkeit und auch der Mut, den Rudenz hier zeigt, werden unterstrichen: Er fällt Geßler gegen seinen Befehl ins Wort.
Text D: a) Monolog Tells – b) V 3 – c) Durch den Reim wird die Aufmerksamkeit auf die pointierte Zusammenfassung gelenkt: Es besteht ein starker Gegensatz zwischen den friedlich ihres Weges gehenden Menschen und Tell, dessen Lebensweg sich durch sein Vorhaben „Mord" entscheidend verändern wird.
Text E: a) Apfelschuss-Szene – b) Tell: V 4; Stauffacher: V 5 – c) Tells ungeheuerlicher Entschluss wird unterstrichen. Stauffachers Gefühlszustand höchster Anspannung wird betont.

DER BLANKVERS

1. Bestimme Versmaß und Reimschema der unten stehenden Gedichtstrophen.

Clemens Brentano, Abendständchen

Hör, es klagt die Flöte wieder,
und die kühlen Brunnen rauschen!
Golden weh'n die Töne nieder,
stille, stille, lass uns lauschen!

Gehe dabei folgendermaßen vor:
a) Kennzeichne in den drei kurzen Gedichten die Hebungen mit einem Strich über der Silbe. Tipp: Es geht leichter, wenn du den Text „leierst".
b) Bestimme für jedes Gedicht den Versfuß. Trenne die einzelnen Versfüße durch kurze senkrechte Striche voneinander ab.
c) Bestimme für jedes Gedicht das Reimschema. Gleich klingende Versenden werden dabei mit dem gleichen kleinen Buchstaben markiert (a ...).

Matthias Claudius, Abendlied

Der Mond ist aufgegangen,
die goldnen Sternlein prangen
am Himmel hell und klar;
der Wald steht schwarz und schweiget,
und aus den Wiesen steiget
der weiße Nebel wunderbar.

Friedrich Schiller, Würde der Frauen

Ehret die Frauen! sie flechten und weben
Himmlische Rosen ins irdische Leben,
Flechten der Liebe beglückendes Band,
Und in der Grazie züchtigem Schleier
Nähren sie wachsam das ewige Feuer
Schöner Gefühle mit heiliger Hand.

i

Hebung: betonte Silbe (die Silbe wird laut gesprochen)
Senkung: unbetonte Silbe (die Silbe wird leiser gesprochen)
Versmaß: ein bestimmtes, sich wiederholendes Muster von Versfüßen
Versfuß: kleinste rhythmische Einheit eines Verses („Takt")
- Jambus: unbetont – betont (x x̀), Beispiel: Verbot
- Trochäus: betont – unbetont (x̀ x), Beispiel: Fußball
- Daktylus: betont – unbetont – unbetont (x̀ x x), Beispiel: Wanderung
- Anapäst: unbetont – unbetont – betont (x x x̀), Beispiel: Malerei

Verse können einen Auftakt haben (unbetonte Silbe am Anfang des Verses, die nicht zum Versfuß gehört).
Kadenz: Abschluss eines Verses
- männliche oder stumpfe Kadenz: Abschluss des Verses mit einer betonten Silbe (x x̀)
- weibliche oder klingende Kadenz: Abschluss des Verses mit einer unbetonten Silbe (x̀ x)

Reim: Gleichklang ab dem letzten betonten Vokal
- **Paarreim:** aabb
- **Kreuzreim:** abab
- **umarmender Reim:** abba
- **Schweifreim:** aabccb
- **Waise:** reimloser Vers in einem Reimgefüge
- **unreiner Reim:** annähernder Gleichklang, Beispiel: flieht – blüht

2. Bestimme nun das Versmaß des Dramas „Wilhelm Tell" anhand der unten aufgeführten Verse. Wie viele Hebungen hat jeder Vers? Ist ein Reimschema vorhanden?

WALTHER. So dürfen sie doch frei in Wäldern jagen?
TELL. Dem Herrn gehört das Wild und das Gefieder.
WALTHER. Sie dürfen doch frei fischen in dem Strom?
TELL. Der Strom, das Meer, das Salz gehört dem König.

→ Es handelt sich hier um einen ______-hebigen

______________.

Reimschema: ______________.
Dieses Versmaß nennt man auch Blankvers.

VARIATIONEN DES BLANKVERSES

Das Drama „Wilhelm Tell“ umfasst insgesamt 3291 Verse. Wären alle Verse gleich gebaut, würde das Stück sehr monoton klingen. Schiller bediente sich daher folgender Möglichkeiten, um den Blankvers zu variieren:

(V 1) **Sprecherwechsel** innerhalb des Blankverses.	(V 2) **Zeilensprung / Enjambement:** Versende und Satzende fallen nicht zusammen.	(V 3) In den sonst reimlos verfassten Blankvers werden **Reime** eingeschoben.	(V 4) **Abwechslung** im **Versmaß**.	(V 5) Verwendung von **elliptischem Satzbau**, der die regelmäßige Betonung aufbricht.

Untersuche die folgenden fünf Textstellen.
a) Wie sind sie inhaltlich einzuordnen?
b) Markiere im Text, welche Variationsmöglichkeiten Schiller hier jeweils verwendet hat.
c) Diskutiert, welche Wirkung Schiller mit diesen Variationen wohl erzielen wollte.

A
TELL. [...]
Er aber konnte keinen armen Laut
Aus seinem Munde geben – Mit der Hand nur
Winkt' er mir schweigend, meines Wegs zu gehn,
Da gieng ich fort, und sandt' ihm sein Gefolge.

B
FISCHERKNABE. [...]
Es lächelt der See, er ladet zum Bade,
Der Knabe schlief ein am grünen Gestade,
Da hört er ein Klingen,
Wie Flöten so süß,
Wie Stimmen der Engel
Im Paradies.

C
GESSLER. Ihr schweigt, bis man Euch aufruft.
RUDENZ. Ich will reden,
Ich darf's, des Königs Ehre ist mir heilig,
Doch solches Regiment muss Hass erwerben. [...]
GESSLER. Ha, Ihr erkühnt Euch!
RUDENZ. Ich hab still geschwiegen
Zu allen schweren Taten, die ich sah,
Mein sehend Auge hab ich zugeschlossen [...]

D
TELL. [...] Hier geht [...]
Der düstre Räuber und der heitre Spielmann,
Der Säumer mit dem schwer beladnen Ross,
Der ferne her kommt von der Menschen Ländern,
Denn jede Straße führt ans End der Welt.
Sie alle ziehen ihres Weges fort
An ihr Geschäft – und Meines ist der Mord!

E
GESSLER. [...]
Freut's euch, den Pfeil zu führen und den Bogen,
Wohl, so will ich das Ziel euch dazu geben.
TELL. [...] Öffnet die Gasse! Platz!
STAUFFACHER. Was Tell? Ihr wolltet – Nimmermehr – Ihr zittert,
Die Hand erbebt Euch, Eure Kniee wanken –
TELL. [...]
Mir schwimmt es vor den Augen!
WEIBER. Gott im Himmel!

4. REZEPTIONSGESCHICHTE

EINFÜHRUNG

Jedes literarische Werk, das zu politischen Grundsituationen wie Tyrannei oder Freiheit Position bezieht, bietet – je nach gegebener politischer Situation – Raum für Überhöhungen oder Anfeindungen. So wurde das Drama „Wilhelm Tell" mal im Sinne der eigenen politischen Absicht interpretiert, mal aus den deutschen Bücherregalen verbannt. Im Laufe der Literaturgeschichte fallen die Urteile über „Wilhelm Tell" nicht immer so eindeutig aus wie in diesen beiden Fällen: Bücher über das Drama füllen in Bibliotheken ganze Regale, immer wieder gibt es neue Werke der Sekundärliteratur, die weitere, bisher unerkannte Aspekte aufdecken. Besonders für Schüler der Mittelstufe bedarf es daher einer didaktischen Reduktion, um eine Überforderung zu vermeiden. Die Kopiervorlage zur Rezeptionsgeschichte verdeutlicht, wie unterschiedlich sich ein literarisches Werk interpretieren lässt. Die Kopiervorlagen „Max Frisch: ‚Wilhelm Tell für die Schule'" und „‚Wilhelm Tell' reloaded" verdeutlichen, dass das Drama „Wilhelm Tell" bis heute bei zeitgenössischen Autoren Beachtung findet.

Lernziele

- Die Schüler können die Rezeption des Dramas zu ausgewählten Zeitpunkten der deutschen (Literatur-)Geschichte nachvollziehen.
- Die Schüler erkennen, dass die literarische Wertung eines Dramas stark von der herrschenden Geisteshaltung und der jeweiligen politischen Situation abhängig sein kann.
- Die Schüler setzen sich mit zeitgenössischen Adaptionen des Dramas auseinander.

Zur Kopiervorlage Seite 62: REZEPTIONSGESCHICHTE

Neben den „Räubern" ist „Wilhelm Tell" das meistgespielte Stück Schillers auf deutschen Bühnen. Dass das Stück dabei auch immer wieder instrumentalisiert und für politische Propaganda missbraucht wurde, wundert nicht. Anhand zweier Textauszüge und einer Abbildung verdeutlicht diese Kopiervorlage, wie unterschiedlich das Drama in Deutschland gedeutet wurde.

Lösung

Aufgabe 1

Abbildung: Hier handelt es sich um eine patriotische Spruchkarte aus dem Ersten Weltkrieg. Das Zitat „Wir wollen sein ein einig Volk von Brüdern in keiner Not uns trennen und Gefahr." wurde aus dem ursprünglichen Kontext gelöst und für die Kriegspropaganda instrumentalisiert: Es geht hier nicht um den Zusammenhalt des Volkes gegen eine tyrannische Herrschaft im eigenen Lande, sondern es handelt sich um eine Aufforderung zur nationalen Solidarisierung gegen den Feind im Ausland.

Schreiben des Reichsministers / nationalsozialistische Herrschaft: Man fürchtete die politische Sprengkraft des Dramas „Wilhelm Tell". „Zu sehr mochte die Figur Geßlers Assoziationen mit Hitler wecken – beides Willkürherrscher, beides Österreicher, beide kinderlos und ohne familiäre Bindungen" (Martin Neubauer: Lektüreschlüssel. Friedrich Schiller. Wilhelm Tell. Stuttgart 2004, S. 63).

Theaterkritik: Entstanden in der Zeit des Kalten Krieges, handelt es sich hier um eine Übertragung des Dramas auf nachkriegsdeutsche Verhältnisse aus sozialistischer Sicht.

Aufgabe 2

Das Werk „Wilhelm Tell" wurde so häufig ideologisch instrumentalisiert (und Schiller zu bestimmten Zeiten entsprechend überhöht oder gefürchtet), dass es schwierig ist, ein neutrales Bild von Schiller zu gewinnen.

Zu den Kopiervorlagen Seiten 63 – 65: MAX FRISCH: „WILHELM TELL FÜR DIE SCHULE"

Max Frisch, selbst Schweizer, stößt mit seiner Version der Geschichte von Wilhelm Tell den Volkshelden vom Sockel. Der Vogt ist ein dicklicher und gemütlicher Mann, der dem Schweizer Volk skeptisch gegenübersteht und es kaum erwarten kann, die Gegend wieder zu verlassen. Wilhelm Tell dagegen wird aufgrund seiner Persönlichkeit, die nichts von einem Volkshelden hat, in den Apfelschuss verwickelt, den der Vogt mit allen Mitteln zu verhindern sucht. Die Schüler lernen den Begriff der „Satire" kennen. Sie erweitern ihren literarischen Fachwortschatz, üben sich im selbstständigen Arbeiten und wenden neue Begriffe eigenständig an.

Lösung

Aufgabe 1

a) Frisch übernimmt Grundelemente der Handlung, das Nicht-Grüßen des Hutes, das Aufeinandertreffen von Geßler und Tell, den Apfelschuss und die Verhaftung Tells. Die Handlungsmotivationen und die Charakterzüge der Personen unterscheiden sich jedoch deutlich von denen Schillers. Der Vogt (hier unter dem Namen Ritter Konrad von Tillendorf – der historisch wahrscheinlichere Name des damaligen Vogtes, wie Frisch in den Fußnoten erklärt) ist kein boshafter Mensch, sondern ein dicklicher und gemütlicher Mann, der keinesfalls darauf aus ist, dem Volk zu schaden. Tell hingegen ist nicht der angesehene und auf seine Fähigkeiten vertrauende Volksheld Schillers, sondern ein unsicherer und ungeschickt agierender Mann, dem nur daran gelegen ist, vor seinen Landsleuten das Gesicht zu wahren. Bei Frisch ist es eine Verkettung unglücklicher Umstände und Missverständnisse, die schließlich zum Apfelschuss führt, den der Vogt eigentlich verhindern wollte. Die Verhaftung Tells erfolgt nach klugen Überlegungen des

Vogtes zu dessen eigenem Schutz. Eine weitere Eskalation soll somit vermieden werden.
b) Alle auftretenden Personen werden der Lächerlichkeit preisgegeben: Der dickliche Vogt, der das Land so schnell wie möglich verlassen möchte, macht einen Witz, der missverstanden wird, verliert im entscheidenden Moment „die Regie", stellt unsinnige „Verlegenheitsfragen" und kann – entgegen seiner Absicht – nicht verhindern, dass die Situation eskaliert. Wilhelm Tell entspricht schon äußerlich nicht einem Helden und scheint ein Außenseiter der Gesellschaft zu sein. Indem er versucht, seinen Landsleuten zu gefallen, macht er an den entscheidenden Stellen alles falsch. Das Volk ist ein sensationslüsternes Publikum, eine gaffende Menge, die zu dumm ist, um einen Witz als solchen zu erkennen.
Die Apfelschuss-Szene ist bei Schiller die wichtigste Szene des Dramas: Sie zeigt die Bedrohung der Menschen durch die Tyrannei der Vögte, betont den Mut Tells und schweißt die Landsleute nochmals zusammen. Bei Frisch dagegen erscheinen durch die satirische Darstellung sowohl die auftretenden Personen als auch die Handlung absurd. Damit wird auch die Bedeutung ins Gegenteil verkehrt: Die Habsburger sind keine Bedrohung, Tell ist kein Volksheld und dem Volk traut man kein kluges Handeln zu. Der Mythos von der triumphalen Überwindung der Unterdrückung als erster Schritt zur Freiheit des Schweizer Volkes wird auf spöttische Art und Weise enttarnt.

Zur Kopiervorlage Seite 66: „WILHELM TELL" RELOADED

Diese Kopiervorlage zeigt eine weitere Wilhelm Tell-Version. Anders als auf den Kopiervorlagen „Max Frisch: ‚Wilhelm Tell für die Schule'" (Seiten 63–65) wurde die Dramenstruktur und die schillersche Handlung hier beibehalten, der Text allerdings sprachlich stark verändert, „modernisiert" und überzeichnet. Diese sprachliche Gestaltung spricht die Schüler erfahrungsgemäß an, sodass sie an die eigene Weiterführung des Textes motiviert herangehen werden.

REZEPTIONSGESCHICHTE

Der Literaturwissenschaftler Walter Muschg schreibt über Schiller: „Vielleicht wurde nie ein Dichter so missverstanden und missbraucht wie er." (Walter Muschg: Studien zur tragischen Literaturgeschichte. Bern / München 1985, S. 82)

1. Untersuche die Abbildung und die Textauszüge, die zeigen, wie unterschiedlich „Wilhelm Tell" in Deutschland gedeutet wurde. In welcher Form wurde das Drama deiner Meinung nach politisch vereinnahmt?

Schreiben des Reichsministers und Chefs der Reichskanzlei an den Reichsminister für Wissenschaft, Erziehung und Volksbildung (12. Dezember 1941)

Nach dem Wunsche des Führers soll das Schauspiel Wilhelm Tell als Lehrstoff in den Schulen nicht mehr behandelt werden. Eine sofortige Entfernung der dem Schauspiel Wilhelm Tell entnommenen Kernsprüche und Lieder aus den im Gebrauch befindlichen oder jetzt noch im Buchhandel vorhandenen Lese- oder Geschichtsbüchern hält der Führer aus technischen Gründen nicht für möglich, auch nicht für notwendig. Bei Neuauflagen von Schulbüchern oder bei der Herausgabe neuer Schulbücher sollen aber derartige Kernsprüche und Lieder aus Wilhelm Tell nicht mehr aufgenommen werden.

Joseph Wulf: Theater und Film im Dritten Reich. Gütersloh 1964, S. 188.

Karl Stehle: „Gott strafe England!" (Postkarte)

Eine Theaterkritik aus dem sowjetischen Blatt „Tägliche Rundschau" von 1954

Schillers Idee von der Freiheit ist in der Deutschen Demokratischen Republik in viel weiterem Sinne Wirklichkeit geworden, als er selbst es je wagen konnte zu ersehen. Als souveräner Staat besitzt die DDR freies Entscheidungsrecht über ihre inneren und äußeren Belange. Frei genießen ihre Bürger alle demokratischen Rechte. Aber die Nation ist gespalten, und im anderen Teil des gemeinsamen Vaterlandes herrscht und wütet ein Fronvogt, der wie Geßler das Volk für fremde Interessen unterdrückt und ausbeuten lässt. Seine Willkür und die seiner Auftraggeber greift bis ins friedliche Leben der Familien. Wie die Frau des Baumgarten im „Tell" sind die westdeutschen Frauen dem lüsternen Zugriff der Besatzer ausgesetzt, wie Stauffacher gibt es heute in Westdeutschland viele aufrechte Menschen, die die Befreiung planen. Die Todesgefahr, die über dem Haupt des Tellknaben schwebte, schwebt heute über allen Söhnen westdeutscher Familien, weil Adenauer ihre Gestellungsbefehle[1] vorbereitet. Und so wie Ulrich von Rudenz gibt es heute in Westdeutschland viele, die der Terror zum Nachdenken zwingt und die sich schließlich auf die richtige Seite des Volkes stellen. Angesichts solcher Parallelen kann heute eine „Tell"-Aufführung kein anderes Ziel haben, als zur patriotischen Tat aufzurufen, als die Menschen wachzurütteln zu einheitlichem nationalen Handeln, zum Widerstand gegen die fremde Unterdrückung.

[1] Aufforderung eines Wehrpflichtigen, sich zu seinem Wehrdienst in einer bestimmten Kaserne einzufinden.

Carter Kniffler: „Wilhelm Tell" – heute als Schullektüre? In: Der Deutschunterricht 23 (1971), Heft 5, S. 58.

2. Was meint Walter Muschg, wenn er sagt: „Da seinem [Schillers] Nachruhm in erster Linie das Telldrama zum Verhängnis wurde, muss man vor allem dieses zudecken, wenn man seine Größe erkennen will."

MAX FRISCH: „WILHELM TELL FÜR DIE SCHULE"

Der Schweizer Autor Max Frisch (1911–1991) schrieb die Geschichte des Wilhelm Tell um. In seinen Anmerkungen belegt er, dass auch sein Tell historisch denkbar ist. Die Folge: „Ein nationaler Mythos wird demontiert". (Max Frisch: Wilhelm Tell für die Schule. Frankfurt a. M. 1971, Klappentext)

1. Lies den Text und beantworte die Fragen. Achte dabei vor allem auf die Darstellung der Figuren Geßler und Tell, auf Geßlers Einstellung zum Vorfall und auf die Ursache für die Festnahme Tells:
a) Was übernimmt Frisch von Schillers „Wilhelm Tell"? Was ändert er?
b) Lies den Infokasten und überlege, inwiefern es sich bei Max Frischs Version von „Wilhelm Tell" um eine Satire handelt.

Max Frisch, Wilhelm Tell für die Schule (1971)

Ein leidiger Zwischenfall ereignete sich noch in letzter Stunde – Ritter Konrad von Tillendorf, heute noch berüchtigt unter dem Namen Geßler, ließ sich gerade den zweiten Stiefel geben, als die Meldung kam: Einer habe den Hut auf der Stange nicht gegrüßt! Er seufzte, wie meistens beim Anziehen dieser Stiefel, und man musste es ihm zweimal melden: Einer habe soeben usw. Es passte dem dicklichen Ritter gar nicht. Er wollte heute noch bis Immensee. Er sagte kein Wort, so ärgerte ihn dieser Zwischenfall; eine Stunde später wäre der Hut nicht mehr auf der Stange gewesen. Er ließ sich sein Wams geben, dann den Gürtel. Seine Waffenknechte hatten den Mann leider gefasst. Er zog die Handschuhe an, die sich für dienstliche Auftritte ziemten, und ärgerte sich kaum über den Mann, der vielleicht, wie er hoffte, den Hut auf der Stange einfach übersehen hatte, sondern über sich, dass er nicht im Morgengrauen aufgebrochen war. Er hatte sich verschlafen. Er überlegte, wie die leidige Sache sich kürzestens erledigen ließe. Ohne Publikum wäre es einfach gewesen: Gnade vor Recht. Einen ganzen Tag lang, gestern, war nichts vorgefallen, und einen Einzelfall hochzuspielen, hatte er kein Interesse, der dickliche Ritter, der an diesem Tag noch bis Immensee zu kommen hoffte. [...]

Als er auf den Platz kam, wo der Hut noch auf der Stange hing, wimmelte es schon von Neugierigen. Die Waffenknechte, wichtigtuerisch vor ihrem Ritter, drängten das Publikum mit ihren Lanzen zurück; dabei versuchte niemand den Verhafteten zu befreien; sie wollten nur zuschauen. Wie oft bei solchen Auftritten mit Pferd, gelang es nicht ohne Weiteres, das Pferd auf die richtige Stelle zu bringen und in die gewünschte Ruhe, in die gewünschte Richtung usw., es tänzelte, es kam zu Rossäpfeln auch. [...]

i

Der Begriff **Satire** ist eine Bezeichnung für eine Schrift, die gesellschaftliche Zustände oder bestimmte Gegebenheiten verspottet. Sie tut dies häufig mit den Mitteln der Übertreibung oder Verzerrung von Sachverhalten und gibt den Gegenstand damit der Lächerlichkeit preis. Weitere oft verwendete Stilmittel sind Ironie, Spott, Parodie oder Sarkasmus.

Obschon er auf dem Pferd saß, daher eine gewisse Übersicht hatte, blieb es ihm unklar, wie die Mehrheit sich zu dem Außenseiter verhielt. Nahmen sie's dem Heuer übel, dass er sich nicht wie die Mehrheit verhielt, oder gefiel er ihnen? Er selber, der Heuer mit der Armbrust auf der Schulter, blickte unsicher nach seinen Landsleuten, statt auf die Frage zu antworten, wie er hieße. [...]

Es galt jetzt, die eigenen Waffenknechte abzuhalten von irgendeiner Dummheit, wie sie Bewaffneten leicht unterläuft; es braucht wenig, dass Bewaffnete sich bedroht fühlen. Daher verlangte der dickliche Ritter mit einer scharfen Stimme, die er sonst nicht hatte: Ruhe, Hände weg! Ruhe! bevor er sich wieder an den Heuer wandte, der inzwischen auch eine grimmige Miene zeigte. Warum er den Hut nicht grüße, lautete die ritterliche Frage. Der Heuer aber, umringt von seinen Landsleuten mitten auf dem Platz von Altdorf, wo heute sein Denkmal steht, brachte kein Wort heraus, auch nicht auf die entgegenkommende Frage, ob er vielleicht den Hut auf der Stange einfach nicht gesehen habe. Er war's nicht gewohnt, Rede und Antwort zu stehen vor einem Publikum, blickte weniger auf den Herrn Vogt, der vermutlich schon etwas ungeduldig wurde, als auf seine Landsleute, denn mit diesen musste er weiterleben. Er wolle heute noch bis Immensee! sagte der dickliche Ritter, um die Antwort des Heuers zu beschleunigen. Vergeblich. Dieser hatte einen rötlichen Bart und Sommersprossenhaut, vermutlich ein Choleriker, der es in der Gesellschaft auch nicht immer leicht hatte. Warum er eigentlich immer eine solche Armbrust auf der rechten Schuler trage, fragte Ritter Konrad, um ihn zum Sprechen zu bringen. Vergeblich auch dies. Einige schienen zu grinsen. Die Spannung, was dem Herrn Vogt sonst noch alles einfallen könnte, war jetzt so groß, dass sie sich auf das Pferd übertrug, und er [...] konnte es nur mit schroffen Griffen zügeln, was einem Reiter unweigerlich den Anschein eines Wüterichs gibt. Erschrocken sagte jetzt der Mann mit der Armbrust: „Lieber Herr, es ist ungevärd und nit uß Verachtung geschehen, verzichend mirs, wär ich witzig, so hießi ich nit der Tell, bitt umb Gnad, es soll nit mehr geschechen." Ein Versehen also; der dickliche Ritter glaubte es gerne, da sich das Verfahren dadurch verkürzte, und streichelte sein Pferd, um es zu besänftigen. Die Leute von Uri hingegen waren enttäuscht von dieser untertänigen Rede, das spürte der Heuer und verbesserte sich: er sei ein freier Mann und grüße keinen Habsburger-Hut! Der dickliche Ritter streichelte noch immer sein Pferd, lächelte sogar. Nämlich es hing kein Habsburger-Hut auf dieser Stange, sondern ein kaiserlicher dem Reverenz zu erweisen war auch in einem reichsfreien Tal wie Uri. Das wusste die Mehrheit, nur der brave Heuer offenbar nicht. Es waren ja auch, wie man zugeben musste, etwas komplizierte Verhältnisse damals. Eigentlich war die Sache jetzt erledigt – nur der Armbrust-Vater, da er hatte belehrt werden müssen und die öffentliche Blamage nicht auf sich sitzen lassen konnte, verbesserte sich nochmals: Auch den Hut des Kaisers täte er nicht grüßen, nie und nimmer, ein freier Urner usw. Das war unnötig, aber gesagt. Der Mann hatte plötzlich einen roten Kopf, sagte es sogar noch einmal und lauter als zuvor. [...]

Auch der Bub spürte, dass sein verwirrter Vater irgendeinen Schnitzer begangen hatte, und wollte ihm beistehen, indem er den Vater rühmte: er treffe den Vogel im Flug. Das war im Augenblick nicht gefragt. Als der Herr Vogt auf seinem Pferd gar nichts sagte, im Augenblick ratlos, wie er mit dem Sonderling zu Rande kommen sollte, sagte der Bub, sein Vater treffe den Apfel auf dreißig Schritt. Auch das war eigentlich nicht gefragt – irgendwie hielt es Konrad von Tillendorf für einen rettenden Witz: dann solle der Armbrust-Vater doch seinem vorlauten Bub, der ihm, nämlich dem dicklichen Ritter, auf die Nerven ging, einmal einen Apfel vom Kopf schießen! Das sagte er, indem er schon die Zügel straffte, um vom Platz zu reiten – er begriff gar nicht, warum das

Max Frisch

Fräulein von Bruneck, das immer noch zugegen war, zu flehen anfing: Herr Konrad! Sie nahm es ernst. Sie redete von Gott. Hinzu trat jetzt Pfarrer Rösselmann, um es ebenfalls ernst zu nehmen. Schon lange hatte man auf irgendeine Ungeheuerlichkeit gewartet, nun hatte man sie: Vater muss Kind einen Apfel vom Kopf schießen! Alle drängten sich, das wollten sie gesehen haben: Vater muss Kind einen Apfel vom Kopf schießen. Der Heuer selbst, als er sich im Mittelpunkt öffentlichen Mitleids sah, konnte kaum anders: er nahm einen Pfeil aus seinem Köcher, legte ihn auf seine Armbrust, um seinen Landsleuten zu zeigen, dass er kein Schwätzer war. Offenbar hörte er nicht, was der Herr Vogt unterdessen sagte, niemand hörte es; er merkte bloß, dass er in der Verwirrung etwas vergessen hatte, und nahm den Pfeil nochmals von seiner Armbrust, hielt ihn zwischen den Zähnen, während er die Armbrust spannte mithilfe des Fußes (wie neulich bei Amsteg), dann legte er den Pfeil wieder auf seine Armbrust, bevor ein Apfel gefunden war. Das blöde Lächeln des dicklichen Ritters, der immer noch dachte, er habe einen Witz gemacht, erbitterte natürlich die Waldleute; [...]

Auch der junge Ulrich von Rudenz, Neffe des Freiherrn von Attinghausen, redete jetzt im Namen des Volkes, im Namen seiner Grundhörigen, während der Herr Vogt nur an seinen Handschuhen herumzupfte, offenbar meinte, er habe die einfache Lösung: Begnadigung mangels Apfel. Der Bub aber, als er seinen Vater im öffentlichen Mittelpunkt sah, tat das Seine: fand tatsächlich einen grünen Apfel in seiner Hosentasche. Schon wurde die Gasse gebildet; der Armbrust-Vater kniete, bevor die Gasse gebildet war. Das war der Augenblick für Pfarrer Rösselmann, der jetzt ebenfalls kniete und um Erbarmen flehte mit gefalteten Händen, nachdem der Herr Vogt, erschrocken über den Lauf der Dinge, bereits zweimal gesagt hatte: Spaß beiseite! Gerade der Spaß aber empörte die Waldleute; sie beteten zu Gott, dass der Apfelschuss gelinge. Beinahe war es zu spät, als Ritter Konrad [...] von seinem Pferd sprang; der kniende Schütze zielte bereits mit gekniffenem Auge, als Ritter Konrad [...] zu ihm trat und den Pfeil von einer zitternden Armbrust nahm, wortlos – dieser Urner wäre imstande gewesen und hätte auf den grünen und ziemlich kleinen Apfel geschossen bloß um seiner Schützenehre willen. Das war ein peinlicher Augenblick für alle: für den dicklichen Ritter, der plötzlich die Regie verloren hatte, sowie für das betende Publikum, nicht zuletzt aber für den Schützen, der sich verhöhnt fühlte. Sein Hals war wie geschwollen, seine Armbrust noch immer gespannt, er blickte irr und unheimlich, als der Herr Vogt, verlegen um das rechte Wort in diesem Augenblick den schönen Pfeil betrachtete und zurückgab; die Frage, ob er solche Pfeile selber herstelle, wo er denn wohne, ob er viele Kinder habe usw., blieb ohne Antwort – es waren auch nur Verlegenheitsfragen –, der Mann schien taub vor Grimm und blieb auf den Knien, obschon der Apfelschuss nicht verlangt war, nur der vorlaute Bub ermunterte noch immer seinen Vater, er habe gar keine Angst, sein Vater treffe den Vogel im Flug usw. Einige verließen bereits den Platz, als der Vogt, jetzt wieder zu Pferd, etwas unwillig fragte: „Was willst du denn mit diesem zweiten Pfeil?" Manche waren später der Meinung, es sei anders zugegangen: der Schütze habe von Anfang an einen zweiten Pfeil in den Goller gesteckt, um sich am Vogt zu rächen, falls der Meisterschuss nicht gelungen wäre. Der dickliche Ritter meinte aber nicht den Pfeil, der im Goller steckte, das war ja der Pfeil, den er eigenhändig von der Armbrust genommen und dem Schützen zurückgegeben hatte; er sah, dass der Schütze jetzt einen zweiten Pfeil aus dem Köcher nahm und auf die Armbrust legte; daher seine Frage: „Was willst du denn mit dem zweiten Pfeil?" Der Mann errötete, als er den ersten Pfeil in seinem Goller erblickte, und wusste keine rechte Antwort; er wusste jetzt selber nicht, warum er, um seinen Meisterschuss zum Trotz zu zeigen, nicht diesen Pfeil genommen hatte, sondern einen zweiten. Konrad von Tillendorf verstand wohl seine Verwirrung, verlangte aber, dass er jetzt beide Pfeile in den Köcher steckte und sich erhob – er war frei ... Leider hatten die beiden Waffenknechte gehört, was der Mann, um seinen Landsleuten doch Eindruck zu machen, eben gesagt hatte: er nämlich habe schon gewusst, was er wollte mit dem andern Pfeil im Goller, nämlich er hätte den Vogt erschossen, jawohl, vor aller Augen. Einen Augenblick lang zögerte der dickliche Ritter, ob er den Choleriker fragen sollte: Hast du das gesagt? Dieser aber hätte kaum widerrufen können, ohne aber vor seinen Landsleuten lebenslänglich als Angeber zu gelten, und wenn er nicht verleugnete und nicht bestritt, was die Waffenknechte gehört haben wollten, so wäre es in der Tat, wie jedermann fürchtete, ohne Gericht und Kerker kaum noch zu erledigen gewesen. So war es Zeit und ratsam, diesen Mann jetzt abzuführen. Die Waffenknechte packten zu, und da sie's in mittelalterlicher Manier taten, nämlich ohne Fußtritte und ohne Knüppelei, aber mit der Kraft ihrer Arme, fanden es die Waldleute sehr ungerecht. Was hatte dieser Vater mit der Armbrust und dem Kind denn getan? Viele hatten die nachträgliche Drohung mit dem zweiten Pfeil gar nicht gehört, andere nahmen sie nicht allzu ernst. Es war aber neun Uhr vormittags, und Ritter Konrad von Tillendorf, wie schon gesagt, wollte heute noch bis Immensee –

Max Frisch: Wilhelm Tell für die Schule. Frankfurt a. M.: Suhrkamp 1971, S. 68 ff.

„WILHELM TELL" RELOADED

1. Lies dir das folgende Figurenregister und den ersten Teil des dritten Aufzugs durch.

2. Schreibe den Dialog zu Ende. Bleibe dem Stil treu.

Die Personen der Handlung

WILHELM TELL	ein saustarker Super-Freak aus Uri, blickt voll durch, hat ne wahnsinns Power drauf und bringt echt gute Sprüche
HERRMANN GESSLER	Reichsvogt in Schwyz und Uri, ein abartig brutaler Obermacker. Er ist auf dem totalen Macht-Trip, quetscht die Knete aus den Peoples und lässt sie eintüten, sobald die nur die Fressleiste aufmachen.
WALTER	der Spross vom Tell, echt cooler Typ, obwohl er noch ein absoluter Sandkastenrocker ist. Zieht mit seinem Alten eine tierische Show ab.
WERNI	ein Fischer-Azubi, der total schnell die Muffe kriegt.
MELCHTHAL	ein Typ aus Unterwalden.
STAUFFACHER	ein Typ aus Schwyz.
WALTER FÜRST	ein Typ aus Uri.
BAUMGARTEN	auch ein Typ aus Unterwalden. Er hat einem Untermacker des Kaisers dermaßen eine über die Rübe gezogen, dass der vom Schlitten gerutscht ist.
FRIESSHARDT LEUTHOLD }	Söldner vom Geßler, also bezahlte Ballermänner.

Dritter Aufzug

Als Tell sich nun von seinem trauten Weibe zu seinem greisen Vater aufmacht hin gen Altdorf, nimmt er den jüngsten Knaben mit, den Walter, der ihm viel Freude macht als Kind.

Als sie des Weges kurz vor Altdorf wollen schreiten, da steht auf einer Wiese grün der Hut wohl auf der Stange. Und Wächter wachen drum, dass auch ein jeder grüße. Doch Tell geht ruhigen Fußes mitsamt dem Knaben an dem Hut vorbei. Die vorgeschrieb'ne Huld'gung lässt er ungeschehen. Drauf greifen ihn die Wächter, ein Feind des Kaisers wird er nun genannt.

FRIESSHARDT: Du bist wohl nicht ganz dicht, was?
LEUTHOLD: Jetzt kommste in den Knast, Willi!
FRIESSHARDT: Für dich ist die Story gelaufen.

Landleute eilen flugs herbei und wollen Tell befreien, doch schon naht auch der Landvogt Geßler selbst, auf hohem Rosse, den Falken in der Faust. Als Strafe für den Ungehorsam fordert er von Tell, dass er den Apfel von des Knaben Kopfe schieße.

GESSLER: Wenn du ihm den Apfel von der Birne pustest, haste gewonnen, Junge!
TELL: Das ist ja wohl die totale Härte.
GESSLER: Mach keine Zicken, sonst geht ihr beide gleich hops. Kapiert? Hier haste das Gemüse! *(Rupft Apfel vom Baum)*

Uta Claus, Rolf Kutschera: Wilhelm Tell. In: Dies.: Bockstarke Klassiker. Frankfurt a. M.: Eichborn 1997, S. 23 ff.

KLASSENARBEITSVORSCHLÄGE

CHARAKTERISIERUNG

→ KV „‚Wilhelm Tell‘ in Zitaten“

Charakterisiere die Figur Bertha von Bruneck (alternativ: Werner Stauffacher).
Beachte dabei folgenden Aufbau: Beginne mit einem Einleitungssatz. Stelle im Hauptteil die Figur kurz vor (Aussehen, Herkunft, Beruf ...). Gehe anschließend auf typische Charaktereigenschaften, Ansichten und Verhaltensweisen ein. Belege deine Behauptungen mithilfe geeigneter Textstellen. Beurteile im Schlussteil die Figur aus deiner Sicht.

FREIE ERÖRTERUNG ANHAND EINES ZITATS

→ KV „‚Wilhelm Tell‘ in Zitaten“
→ KV „Tell – Ein Freiheitskämpfer?“

Nimm Stellung zu folgendem Zitat: „Der Starke ist am mächtigsten allein.“

GESTALTENDES ERSCHLIESSEN EINES LITERARISCHEN TEXTES

→ KV „Tell und Hedwig“
→ KV „Die Hohle Gasse“
→ KV „Frauenfiguren in ‚Wilhelm Tell‘“

Wilhelm Tell hat sich über den Wunsch seiner Frau hinweggesetzt und trotz ihrer Befürchtungen den Weg nach Altdorf angetreten. Hedwig teilt ihrer Schwester in einem Brief mit, was in ihr vorgeht.
- **Schreibe den Brief.**
- **Erläutere deine Überlegungen und gestalterischen Entscheidungen für das Verfassen des Briefes.**

UNTERSUCHENDES ERSCHLIESSEN EINES LITERARISCHEN TEXTES

→ KV „Rudenz und Attinghausen“
→ KV „Tell und Hedwig“

Analysiere und interpretiere die Apfelschuss-Szene (III,3, V. 1865 – V. 1918). Untersuche auch die verwendeten sprachlichen Mittel und die Kommunikationssituation. Welche Bedeutung hat der Dialogausschnitt für den Fortgang der Handlung?

LITERATURVERZEICHNIS

TEXTAUSGABE

SCHILLER, FRIEDRICH: Wilhelm Tell. Stuttgart: Reclam 2014.

SEKUNDÄRLITERATUR

Zum Autor

ALT, PETER-ANDRÉ: Schiller. Leben – Werk – Zeit. Eine Biographie. 2 Bde. München: C. H. Beck 2004.

AURNHAMMER, ACHIM U. A. (HG.): Schiller und die höfische Welt. Tübingen: Niemeyer 1990.

ENGELMANN, CHRISTIANA (HG.): „Gnädigster Herr, ich habe Familie": Schillers Bitt- und Bettelbriefe. München: Sanssouci 2009.

ENGELMANN, CHRISTIANA / KAISER, CLAUDIA: Möglichst Schiller. Ein Lesebuch. München: dtv 2005.

GSELLA, THOMAS / HURZLMEIER, RUDI: Die Leiden des jungen Schiller. München: Sanssouci 2009.

KNOBLOCH, HANS-JÖRG / KOOPMANN, HELMUT (HG.): Schiller heute. Tübingen: Stauffenburg 1996.

PILLING, CLAUDIA U. A.: Friedrich Schiller. Reinbek: Rowohlt 2002.

SCHAFARSCHIK, WALTER: Friedrich Schiller. Literaturwissen für Schule und Studium. Stuttgart: Reclam 1999.

WÖLFEL, KURT: Friedrich Schiller. München: dtv 2004.

Zum Werk

ALBERT, CLAUDIA (HG.): Deutsche Klassiker im Nationalsozialismus: Schiller, Kleist, Hölderlin. Stuttgart: Metzler 1994.

BORCHMEYER, DIETER: Um einen anderen Wilhelm Tell für die Schule bittend. In: Der Deutschunterricht 35 (1983), S. 78–90.

ESTARAMI, EBRAHIM: Selbsthelfer in Zeiten des Umbruchs: Goethes „Götz von Berlichingen", Schillers „Wilhelm Tell" und Kleists „Hermannsschlacht". Berlin: Uni-Edition 2005.

GRAWE, CHRISTIAN (HG.): „Wer wagt es, Knappersmann oder Ritt?" Schiller-Parodien aus zwei Jahrhunderten. Stuttgart: Metzler 1990.

HINDERER, WALTER (HG.): Interpretationen. Schillers Dramen. Stuttgart: Reclam 1992.

HORN, GISELA / IGNASIAK, DETLEF: „Glückliches Ereignis": Der Arbeitsbund zwischen Goethe und Schiller und ihre Zeit in Jena. Rudolstadt: Hain 1994.

KAISER, GERHARD: Idylle und Revolution – Schillers „Wilhelm Tell". In: Brinkmann, Richard (Hg.): Deutsche Literatur und Französische Revolution. Sieben Studien. Göttingen: Vandenhoeck & Ruprecht 1974, S. 87–128.

LIPPUNER, HEINZ / METTLER, HEINRICH: Schillers „Tell" – für die Schule neu gesehen. Düsseldorf: Schwann 1980.

MÜLLER, HANS G.: Mit Wilhelm Tell um den Vierwaldstätter See. Stuttgart: Klett 1990.

OBERKOGLER, FRIEDRICH: Tell. Mythos, Geschichte, Dichtung in Friedrich Schillers „Wilhelm Tell". Dornach: Verlag am Goetheanum 1991.

PIATTI, BARBARA: Tells Theater. Eine Kulturgeschichte in fünf Akten zu Friedrich Schillers Wilhelm Tell. Basel: Schwabe 2004.

SAFRANSKI, RÜDIGER: Goethe und Schiller. Geschichte einer Freundschaft. München: Hanser 2009.

SCHELLER, INGO: Friedrich Schillers „Wilhelm Tell" szenisch interpretiert. Stuttgart: Klett 2003.

SUPPANZ, FRANK: Erläuterungen und Dokumente zu Friedrich Schiller: Wilhelm Tell. Stuttgart: Reclam 2005.

SUTTER, LOTHAR: ... der vom Thal genannt Wilhelm Tell: Mythos oder Wirklichkeit? Die Tellsage nach dem Weißen Buch von Sarnen und die Entstehung der Schweizer Eidgenossenschaft im Licht der Urkunden. Eschborn: Stifts-Verlag 1997.

TISCHER, HEINZ (HG.): Friedrich von Schiller. Wilhelm Tell: Anmerkungen für eine kritische Behandlung im Unterricht. Analysen und Reflexionen. Bd. 5. Hollfeld: Beyer 1973.

WEINER, MONIKA: Wilhelm Tell und die Frauen aus feministischer Sicht. In: Auf den Spuren eines legendären Freiheitskämpfers: Wilhelm Tell. Sonderteil der Zeitschrift P. M. History 6 (2000), S. 52.

Zu Gattung und Epoche

ASMUTH, BERNHARD: Einführung in die Dramenanalyse. Stuttgart: Metzler 2009.

DENK, RUDOLF / MÖBIUS, THOMAS: Dramen- und Theaterdidaktik: Eine Einführung. Berlin: Schmidt 2017.

DÖRR, VOLKER C.: Weimarer Klassik. Stuttgart: UTB 2007.

PFISTER, MANFRED: Das Drama. Stuttgart: UTB 2001.

SALENTIN, URSULA: Anna Amalia. Wegbereiterin der Weimarer Klassik. München: Piper 2009.

SELBMANN, ROLF (HG.): Deutsche Klassik. Epoche – Autoren – Werk. Darmstadt: Wissenschaftliche Buchgesellschaft 2005.

STAEHLE, ULRICH (HG.): Texte und Materialien für den Unterricht: Theorie des Dramas. Stuttgart: Reclam 1986.

VOSSKAMP, WILHELM (HG.): Theorie der Klassik. Stuttgart: Reclam 2009.

WIRSICH-IRWIN, GABRIELE (HG.): Die deutsche Literatur in Text und Darstellung. Bd. 7: Klassik. Stuttgart: Reclam 1986.

WÖSTHOFF, MARTINA: 100 Ideen für die Arbeit mit Dramen. Dramen schreibend erkunden. Mülheim a. d. R.: Verlag an der Ruhr 2010.

Internet

http://www.friedrich-von-schiller.de
http://wilhelm-tell.geschichte-schweiz.ch
https://www.tell.ch
http://www.tellmuseum.ch